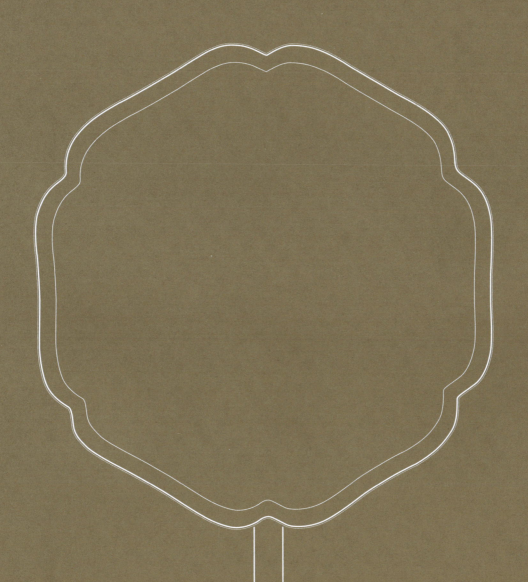

颜色

中国传统色彩中的文化现象

杭州市临平博物馆 编

上海书画出版社

编委会

主　编

吕　芹　曹　清

编　委

（以姓氏笔画为序）

王奇志　布明虎　乔　岳　严石涵　李春晓　杨知雨

杨　玲　张　苏　张浩然　张婉颖　陆文宝　陈同乐

陈益女　陈　静　金晓依　姚　旸　徐小虎　徐衍伟

黄　珊　蓝旻虹　窦伯轮

文字校对

张浩然

摄影

徐伟杰

主办单位

杭州市临平博物馆　天津博物馆　南京博物院

协办单位

北京艺术博物馆　山东博物馆　南通博物苑　镇江博物馆

前言

　　对于色彩，中国人既享受单色平静、纯粹的高贵，也迷恋杂色相间的缤纷绚丽。天地万物，五光十色，既指物象的繁多，色泽斑斓；也指色彩的韵律，光华浑厚。色彩是先民感知自然的一种方式，与天地共生同鸣。当华夏文明曙光开启之时，色彩便以其瑰丽面貌，成为人们认识世界、表达思想的重要工具。

　　中国色彩的精髓在于其独特的五色系统，蕴含着五行相生相克、循环往复的概念。青、赤、黄、白、黑是中华文化自古以来天、地、人和谐统一的映射。青，象征生机与春天的万物复苏，是希望与开始的色彩；赤，是热血和激昂，是礼仪与奋发；黄，作为中华"正色"，代表了人文正统和权力，同时也凝聚着天地间的德行与秩序；白，象征着纯净与道义；而黑，则代表深邃内敛，蕴藏着丰富的哲理与智慧。中国的色彩与中华文明紧密相连，成为千百年来中华民族精神家园的重要组成部分。

　　"五方正色观念""文人士大夫的水墨理论"及二者衍生出的"民间造物色彩体系"是我国传统色彩意识的三大板块，也是我们中国人闲情逸致的重要载体，所以"国色"就是中国人的精神色彩，它在翰墨丹青、器物烧造、锦绣编织中得到了具体呈现，深深植根于传统社会以及现代生活之中。从帝王将相的衣冠穿戴到百姓家中的日常所需，从宫廷典礼到民间节庆，从"墨分五色"到"彰施五彩"，色彩无疑是无声而有力的符号，默默地传递着中国人代代相传的文明信息和中国式的色系"密码"。它是我们与世界的连接方式，它的变迁呈现了中国时代精神与文化观念的沉淀。色彩不仅仅是视觉上的感受，也是无声的语言，是文明的表达，是创造力持续发展的结晶，千年流转，灵动鲜活，温暖人心。

目录

国色神采

——探析中国传统文物中的色彩基因

曹　清　　南京博物院古代艺术研究所研究馆员

当法国印象派大师高更在塔希提岛传来消息，说这里到处都闪烁着"流金与阳光的欢乐"时，你的感官会立刻启动，顷刻间体悟到我们中国古人说过的炫煌绚烂、斑斓纷繁的自然魅力，其变化万端的云层、地脉、山林、水泽显现出温润无垠的色泽，刹那间让你在心底泛起浅浅的笑意，想去体验孤身处于大片色域中的静谧感，没有形状，没有样式，完全沉浸于色彩的纯粹与流变中，直达抽象的本真。远在先秦诸子的时代，庄子就说"灭文章，散五采"，其本义与高更在 19 世纪末选择的远离欧洲，去塔希提岛寻找反朴救心之术乃殊途同归之举。庄周的本意并没有否定自然色彩的审美，而是反对色彩被礼制化和工具化，其核心在于通过剥离外在的欲望与伪饰，回归"朴素而天下莫能与之争美"的中国精神价值体系，表达华夏先哲对于自然美的深层建构与思考。大自然是一个完整的体系，而同时其局部细末又各自成为完整的个体，譬如一棵大树，其任何一节皆蕴含着全树的生机。英国诗人布莱克的诗句"一花一世界，一沙一天国"，正如同胡兰成所说的"一草之微可通于春山之大，一截之水亦具有来源的怀思与前去的远意"，所以中国文明的造形制器皆可与天地万物齐德永光。古代工艺品上面所涂画着的颜色，与现代的绘画颜料之间，在源流上密切关联。远古时代，我们的祖先已使用彩色颜料："周口店山顶洞人染饰品使用了红色，新石器时期的彩陶上绘制花纹使用的有白垩、红矾土、炭（黑色）、土黄诸色。又比如殷墟甲骨上可以见到朱、墨两色的笔迹，并有涂朱的明器……"[1] 这些先人的遗物，成为博物馆常设陈列中展出的藏品，我们仔细观看就可以看出颜色在古代是如何被使用的。我们欣赏文物藏品的时候，它安静地在那里，光彩夺目，这些巧夺天工的创造是怎么被赋予的呢？

一、何为国色

人类发现色彩、认识色彩到使用色彩经历了漫长的历史发展过程。中西方文明本不同，对于色彩的认知变迁到现当代还发生了巨大的变化，因此中西方用色甚至生成了某些迥异的色彩观念。中国的喜庆婚娶必用红色作为基底，西方婚礼场合却用白色作为象征，明示爱的纯洁，可是白色历来是中国丧仪专用，欢庆场景用白色赋彩在中国是无法

---

[1]　于非闇：《中国画颜色的研究》（修订版），北京联合出版公司，2013 年，第 31 页。

想象和实施的。我们不禁要问，这样约定俗成的色彩概念是如何形成的呢？"进入脑海的色彩，只不过是一堆电流，在大脑里乱窜，并与其他的嗅觉、触觉、味觉等信息交织，构成人类与外界沟通的重要感知系统。这些信息也会和过去的经验、记忆一起作用，相互影响，产生综合性表达，可以称之为共感觉。在语言与肢体动作中均可发现类似的范例，这就是所谓的心理、文化、社会、环境或历史等因素相互影响下的结果，这些因素经常左右色彩的习惯性用法甚至喜好，更影响了色彩的使用、诠释等，是色彩使用上必须考虑的重要一环。"[1] 虽然色彩自身是客观存在的物质，它不仅无阶级性，也是无意识、无感情的存在，然而由传统文化、地域环境、礼制规束，国家权力影响下所形成的色彩运用的确反映着不同文明的好恶与禁忌。我们的先祖用文字或图像述说思想，同时也利用色彩表达他们的所思所感，伴随中华文明起源的彩陶、玉器以及诸多遗存都承载着这些色彩观念。先秦时代的中国不仅艺术发达，相关论述也非常丰富，虽然没有关于色彩的专论，但广周所谓"文章"一词即指"颜色之美"。有学者称国色滥觞于诸子而成就于秦汉，国色的形成早在汉代以前就被推广并理论体系化了，"青、赤、黄、白、黑"五正色起于何时只有在古代遗存和典籍中寻找脉络。

从中国民间百姓避邪纳福运用的色彩上至代表国家权力的色符，看似是随心所欲地运用，其实不然。崇尚、忌讳、喜恶某种色彩的现象背后一定是被某种观念所支配。传说华夏族主轩辕，因有"土德之瑞"，土色黄，故称黄帝。此说法虽然是后世对三皇五帝的主观描述，但也为后人明示了中华民族文明开化"依德尚色"，色彩与制度结合，所以对"国色"的释读必须从本土文化着手，才能理解中国色彩的观念及其形成和运用的种种。

1.五方正色的来历

《淮南子·览冥训》中叙述了"女娲炼五色石以补苍天"的中国宇宙创生神话，那是在讲天道秩序重建的故事，同时也表达了史前先民对于"天呈众色"等自然天象的色彩认知，但是有一点是肯定的，《淮南子》作者所撰述的"五色石"即缘于我国"青、赤、黄、白、黑"五正色作为国家正统色符的形成。女娲炼石补天后天地秩序恢复，论者谓："天兼覆、地周载、四极正。"天以正色五石补成，天地方才恢复秩序，女娲补天神话带入"五正色"的故事提醒我们，色彩从中国史前的洪荒年代就与国家政权的建立与正统续祚有关。据史书记载："诸侯

[1] 曾启雄：《绝色：中国人的色彩美学》，译林出版社，2019年，第7页。

受命于周，乃建太社于国中，其壝，东青土，南赤土，西白土，北骊土，中央衅以黄土。将建诸侯，凿取方一面之土，苴以白茅，以土封之，故曰列土于周也。"又："天子太社，以五土为坛，封诸侯者，取其土，苴以白茅授之，各以其所封方色，立社于其国，故曰受茅土。"又《尚书·禹贡》曰："海岱及淮，惟徐州……厥贡，惟土五色。"也就是说早在周代（约公元前1046年），中国史上继商朝之后的第三个王朝，在徐州选择"青、赤、白、黑、黄"五色土分封建诸侯，即以其所在方位"东、南、西、北、中"所代表的色土分别授予。《释名》第二卷有"徐州贡土五色"；孔颖达疏："贡土之意，王者封五色土以为社，若封建诸侯，则各割其方色土与之，使归国立社。"就是说的周天子与诸侯分封时以徐州所贡五色土为权力色符、社稷色征之事，这是记录在案的最早的正统"五色"的由来，也是这五种色彩之所以被称为"五方正色"的原因。

我国一部古老的经书《尚书》中有舜帝关于"以五采彰施于五色作服"[1]的记述，郑玄在为这段文字作注时称："性曰采[2]，施曰色。未用谓之采，已用谓之色。"这位东汉末年的经学大师将"采"定义为自然存在的原始色彩（如翠鸟青羽、雄鸡赤冠、蟹腹黄壳等具象物体），而"色"则是经过人类意识加工后的文化应用（如礼制、艺术中的色彩象征）。郑玄对"以五采彰施于五色作服"的注释，区分了远古时代自然之"采"通过礼制、工艺，转化为承载伦理秩序的"色"的过程，如《周礼》中苍璧、黄琮等礼器的五色制度，反映了我国先贤对"自然"与"人文"关系的思考。与文字不同范畴的色彩天生就有美学的品质，文字会明确告知信息，而色彩则唤起我们的情感。儒家的色彩观对中国礼制用色以及权力色征具有很大影响，帝王后妃行事所用诸如祭、宴、丧、婚、服、舆之类无不以色相示，而且规仪严苛，不容混乱僭越；而以老子、庄子为代表的道家则鄙夷礼仪，反对禁锢、刻板和约束，只求"任性自适"。老子《道德经》超越儒家对"天"的崇拜和庄周的"至人无己"近乎"禅"的寂灭、《逍遥游》中对精神自由的追求，一直以来是中国艺术的指南。孔子为后世奠定了伦理观以及行为准则，而老庄则是中国思想的巅峰，对后世的文学、绘画等各类艺术具有深远影响，所以儒道两家有关"色"的学理虽仅寥寥数语，却对后代影响至深，后世著述颜色、用色的种种派别，其渊源大抵在此

---

[1] 见《尚书·虞书·益稷》。

[2] 甲骨文"采"字本义为采摘果实，先秦时期兼指色彩，后世加"彡"部形成"彩"，专指色彩与纹饰。这一分化印证了古人从自然采集到艺术创造的认知发展，如汉代典籍中"五彩""光彩"等词，标志着色彩独立审美意识的成熟。

两家之内回旋。

儒学先驱（周公姬旦）所作的完整叙述国家机构设置、职能分工的专书《周礼》卷四十记载了方位与色彩的关系，我们认为这便是五方正色的由来。春秋时期被奉作经典的《周易》的记载则覆盖了百姓日常生活用色，天乾、地坤、八卦、卦辞、爻辞虽无色符色征，但是由孔子对《周易》进行深入解读和阐释后，分"经""传"两部分的《周易》发展到汉代，已经在全社会各个阶层都享有巨大的影响力，《易经》中对于民间所讲究的风水阴阳与五行生克观成为国人的一种"思想律"，国人思想、应用和生活无不遵循此"律"。关于这一现象，中国色彩专家姜澄清先生的解读是这样的：

　　《易经》本是供占筮的，其在低层文化圈中的影响更为巨大，汉代以后，又将五行生克、灾异、谶纬之类与之杂合，于是，在民间流行更甚。我们当然不以讨论《周易》为旨趣，而只是考察在"易"混合着诸种文化而汇成的洪流中，色彩是怎样地被利用。民间风俗许多是类巫活动，而这些活动，大多利用色彩手段，在文化思想上，基本不出阴阳、五行、八卦这个系列。国人的色彩感受心理，受此影响很大。凡见到某种色时，几乎本能地要与灾祥、凶吉、祸福相连，而诸多民间风俗，不论是婚丧庆宴，也以色作为避、迎之符……《易经》虽对色少涉，但由于它是一种"思想律"，因此，它也规定着国人的色彩观、价值观等等。[1]

2. 五色观的运用

所以，迥别于西方科学的色彩观，中国的五色观，是古代哲学的一部分，华夏民族近万年变化融合而成的色彩体系是世界范围内独特的"五色体系"，可以说以孔子为代表的儒家色彩观和以老庄为代表的道家色彩观奠定了我国色彩的美学基础，它是古代采色、用色、配色、敷色、晕色、染色等运色技法的观念指导。以色明礼的"五方正色观念"、道法自然的"文人士大夫的水墨理论"及二者衍生出的"民间造物色彩体系"代表着我国传统色彩意识的三大板块，深深根植于中国人制器尚色的意识形态之中，代代相传，上自宫廷器皿，下至百姓日用，都离不

---

[1]　姜澄清：《中国色彩论》，甘肃人民美术出版社，2008年，第31页。

开"五色"，博物馆内的每一件藏品都是国色的承载与展现。"民俗"在当今社会作"民间习俗"理解，而华夏先民的习俗与色彩的忌讳与喜尚，等级森严，越到上层越是繁缛，有些统治者自己也不清楚，就由"相礼"官帮助他们遵守这些复杂的规矩和仪礼。孔子尊礼，自谓晚年"不逾矩"，称其一切言行皆在"礼"中，他是从礼的角度来看待色彩。《考工记》亦有记载："画绘之事，杂五色：东方谓之青，南方谓之赤，西方谓之白，北方谓之黑，天谓之玄，地谓之黄，青与白相次也，赤与黑相次也，玄与黄相次也。青与赤谓之文，赤与白谓之章，白与黑谓之黼，黑与青谓之黻，五采备谓之绣。"这一段话应该是"五正色"的"官宣"。于非闇先生在研究中国绘画的颜色时说：

> 古代文物很清楚地反映了中国画颜色的发展情况。最早期只是使用单色的矿物质和植物质颜料，经过不断地创造、改进，逐渐发展，进而使用矿物质的间色（如白垩合朱成为肉色，石青合白垩成为天青色）和矿植合用的间色（如蓝靛合朱成为紫色，槐花合石绿成为嫩绿色等）。这样的矿植合用，加上古代化学制的铅粉、黄丹，外来输入的藤黄、紫铆等，到五世纪南齐的时候，颜色已经非常丰富并且要求"随类敷彩"了。经过隋到唐（六到八世纪）的发展，十世纪后，又创造出用水墨代替颜色的画法。[1]

这段描述则可看作国色的发展概况，同时也清晰指出有些间色是正色的调配色。

上古先哲认为世间万物由金、木、水、火、土五种元素相互的作用而产生，这五种元素具有动态的属性。在数列一至九中央位置的数字"五"涵盖了天地万物的基本维度，是我国先民对神秘宇宙秩序的认知。甲骨文中"五"字的写法（四向交会于中心）象征天地人的统一。数字"五"的受欢迎程度源于其哲学深度、文化象征及实用价值，同时反映了中国人对自然规律、社会秩序和生命和谐的追求。此即国色形成后的运用。有些学者认为，将五色纳入五行方位的体系早在战国末期就形成了，以阴阳家邹衍[2]的理论为标志，并在秦汉时期成为影响深远的国

---

[1] 于非闇：《中国画颜色的研究》（修订版），北京联合出版公司，2013年，第30页。

[2] 战国末期阴阳学家邹衍提出"五行生胜"理论（相生：木→火→土→金→水；相克：水胜火→火胜金→金胜木→木胜土→土胜水），并将五行与五色、方位、季节等结合，形成完整的体系。东方属木，色青，主春；南方属火，色赤，主夏；中央属土，色黄；西方属金，色白，主秋；北方属水，色黑，主冬。

家意识形态并推广运用于社会。"金、木、水、火、土"五行相生相克的规律又渗透到我们的中医（五脏、五味）、民乐（五音）、伦理（五常）等各个领域，成为传统文化与思想的基石。早在商周时期，青、赤、黄、白、黑五色已经非常成熟地体现出与五行观和五方位的关联，与之配属的则有五方间色：绿、红、碧（缥）、紫、骝黄。春秋时期，"间色"开始进入五色系统。如《礼记·玉藻第十三》记载的"衣正色，裳间色，非列采不入公门"，即可看出当时间色在上层社会运用的情况。据史书记载，大一统的秦朝服饰制度的核心是"尚黑"，始皇帝郊祭时所着黑色大礼服，称"祠玄"，上衣下裳同为黑色。秦始皇深信秦克周，"水"克"火"，因为周朝是"火气胜金，色尚赤"。《吕氏春秋·应同》谓周朝时期"天先见火赤乌衔丹书集于周社"，周文王因此认为"火气胜"，故其色尚赤，其事则火。那么秦胜周就是水德，色黑；所以在秦朝，黑色为尊贵之色。嫔妃服色以迎合皇帝个人喜好主导，官员则通过袍服颜色和配饰严格区分等级。秦始皇兵马俑的出土为研究古代中国色彩提供了实证。秦代国祚虽短，五正色与五间色却都有丰富的呈现。秦俑彩绘是"由褐色有机底层和彩色颜料层构成。褐色有机底层的主要成分为生漆；陶俑身上残存的彩绘颜色主要有红（朱砂、铅丹）、绿（石绿）、蓝（石青）、中国紫（硅酸铜钡）、黄、黑、白（骨白、铅白）等，它们多是从天然矿物质材料中提取的"[1]。自"五色观"运行开始，历代王朝统治者皆重"色尚"，即根据"天兆"来决定王朝的"色尚"符号，一代有一代之色。中国人的色彩一开始就形成了形而上的"五色"观念，它是影响中国历史数千年的文化、思维模式。

二、尊礼赋色

"青、赤、黄、白、黑"五方正色制度在春秋战国时期一度"礼崩乐坏"，这才有老子"五色令人目盲"（《道德经》第十二章）、孔子"恶紫之夺朱也，恶郑声之乱雅乐也"（《论语·阳货》）。老子"目盲"论是对于过度追逐物欲的批评；孔子"恶紫"的表面是对颜色的评价，实则是对齐桓公引发社会风气变革的忧虑，核心在于维护周代礼制的正统性。春秋五霸之首的齐桓公特别喜爱紫色服饰，导致齐国上下效仿，紫色遂成流行色，甚至出现"五素不得一紫"的悬殊价格之比。此时周代以赤为"正色"，象征正统；紫色作为间色（混合色）本属次要。

[1] 曹玮主编，秦始皇帝陵博物院编：《真彩秦俑》，文物出版社，2014年，第16页。

齐桓公的偏好使紫色凌驾于朱（即赤色）之上，破坏了周礼色征的等级制度，孔子为维护周礼的继承，认为这是"以邪夺正"的象征。将"紫夺朱"与"郑声乱雅乐""利口覆邦家"并列，借颜色批判正统秩序遭受破坏和僭越的社会现象。《韩非子》中记载齐桓公最终因管仲谏言而止"紫"。

1. 礼天尚德·玉

玉器，形式多样，内圆外方的"琮"和扁平的"璧"都是礼器。《周礼·春官宗伯·大宗伯》："以玉作六器，以礼天地四方：以苍璧礼天，以黄琮礼地，以青圭礼东方，以赤璋礼南方，以白琥礼西方，以玄璜礼北方。"描述了古代中国使用六种不同颜色和形状的玉器来祭祀天地四方的礼仪制度。玉璧、玉琮、玉圭、玉璋、玉琥、玉璜这六种形状的玉器，分别代表了天、地以及东、南、西、北四个方向，古人认为玉器在祭祀活动中具有通灵作用。儒家学说又以玉比德，所以中国古人的佩玉不是简单的装饰，而是身份、情感、风度及语言的呈现，与国家的政治、文化以及社会各阶层的生活方式、伦理道德观念等层面都有极其密切的关联。各地博物馆藏玉很多，这一现象足以证明玉色为国色之尊。杭州市临平博物馆所藏神人兽面纹玉琮是良渚文化（距今约5300—4300年）的遗存，玉石表面已经有玉沁现象。大多数古玉，尤其是出土的玉器在与土层发生化学作用后都会产生玉沁，正是这包含岁月侵蚀痕迹的沁色带给现代观众敬畏感。

2. 文物中的正色系统

"礼象五行"，五行，是五方之气，在与其相应的东、西、南、北、中五个方位各自施行。汉代刘熙著《释名》训"五行"曰："五行者，五气也，于其方各施行也。"《孔子家语·五帝》称："天有五行，水、火、金、木、土，分时化育，以成万物。"古人将五行与五方相对应：东方木，西方金，南方火，北方水，中央土。[1]中国的色彩运用是一个传承吐纳的过程，由先秦诸子创说，秦、汉两代大力发挥，上承《尚书·洪范》及邹衍之说，吸纳既往文化的同时，一方面强化阴阳、五行说，另一方面对《论语》《老子》《庄子》等阐述的形而上的色彩论并无深化，成就与"五行"配应的"五色论"成为国色的理论规模，至秦汉已经定格，自此以后，各种色彩观念，大致不出此范畴，可以说秦、汉四百余年间强化的色彩观念，施行于我国古代各种物质。

---

[1] 任继昉、刘江涛译注：《释名》，中华书局，2021年，第25页。

（1）黄色的权贵

中国人对于黄色之尊崇伴随华夏族主轩辕黄帝的治理延续而下，直到清帝国退出历史舞台，黄色，一直都是帝权的象征。农耕文明尤其注重土地的合理运用，"黄"便为"土"，所以东汉思想家王充《论衡·验符》称"黄为土色，位在中央"。在统治者眼中，黄色处于"五行"的中央位置，表明天下尊位，所以"土"和"中"，代表着"中央土之正色"。周朝持续近八百年，黄色被认作五色中最为尊贵的颜色，是至高无上的主色。唐代以来黄色成为古代帝王的专用色彩，代表着皇权的尊贵、神圣、崇高与祥瑞，也是皇帝至尊地位的色征。古代帝王多信任"瑞应"，是指帝王修德，世间就清平晏乐，天即降祥瑞。宋徽宗在位时就痴迷于各地方官对祥瑞的呈报，其著名的画于政和壬辰（1112）的绢本作品《瑞鹤图》即此类有感而作，尤可注意画面天空下黄色屋顶的运用。

（绘画用）黄色颜料中，石黄、雄黄、雌黄、土黄是根据颜色浓浅分的，其实都产在一起。石黄是正黄色，雄黄是橙黄色，雌黄是金黄色，土黄是土的黄色。甘肃、湖南是重要产地（湖南有世界最大的雄黄矿）。[1]

中西方都有"龙"图腾，中国的龙与皇权结合是在秦始皇时代，将皇帝塑造成一个神灵的符号昭告天下。司马迁在《史记·秦始皇本纪》中记载，有人在华阴平舒道持璧对使者说："为吾遗滈池君。"并言："今年祖龙死。"这里的"祖龙"即始皇帝嬴政。之后就顺理成章将"黄"色与龙结合，古人所谓"黄龙者，四龙之长，四方之正色，神灵之精也"。于是他们的所用皆以黄色为主调。南京博物院藏明初黄釉云龙纹瓦当、黄彩龙纹琉璃陶瓦当、明嘉靖黄釉刻龙瓷碗、清顺治十一年（1654）黄色缂丝金龙袍料、清乾隆黄缎织金云龙纹男蟒袍、清乾隆景德镇官窑黄釉暗刻龙纹瓷盘等，皆为此类。

（2）自"赤"而来的中国红

如果按汉代的义理，"红"色应该是次于正色"赤"的间色。东汉经学家、文字学家许慎《说文解字》赤部"赤"作"烾"，从大从火。《说文》训诂"红"则是"帛赤白色。从糸，工声"。

---

[1] 于非闇：《中国画颜色的研究》（修订版），北京联合出版公司，2013年，第5—6页。

意思很明显，至少汉代的"红"就是浅赤色，是间色。火的颜色是赤色的，据孔子"恶紫夺朱"论，所以"朱"经过一段变迁后，作为正色之"赤"的类色在春秋时期已经落实。《广雅·释天》训"朱"为日色也。也就是《释名》的解释："赤，赫也，太阳之色也。"此时正色之"赤"常被用来形容太阳、大火的颜色和象征生命与铁胆忠诚——歃血为盟。

"红"是中西方文明都频繁使用的色彩，但是象征性不一，其文化含义的古今变化也在很大程度上影响了人们对色彩的感受。现当代的商业设计，凡店铺涉及红色主调者，消费者的购买力会增强许多。20世纪末法国某博物馆策划中国文物特展时，整个展场用红色作基调，灯光配合也比较暗弱，尤显中国古老文明的神秘。当代，经历过漫长的社会、政治、历史变迁之后，许多具有传承意识的中国人应该会首选"红"色作为中国的色符。"红"色的流行，国力的强大，使得在许多重要场合使用的红色往往被称为"中国红"。有"东方之冠"称呼的2010年上海世博会主题馆中国馆的建筑整体以不同的红色组合作为装饰，即"通过不同色度'红'的渐变，实现了整体的'中国红'表现"，此即运用红色作为色符象征中国的现代例子。

赤色类颜色词有朱、缇、绀、缲、丹、彤、绛、赭、赪、绯等。"朱""赤"是红色颜料的代称。古人获取红色的方式主要有矿物提取和植物提取两种。矿物颜料如赤铁矿和朱砂，植物颜料如茜草、红花和苏木等。"红"又多与女性联系，女红、红颜、椒房之色、女子用"彤管"……国家层面的用色除了宫廷有典章制度的约束，士庶阶层服饰方面，上下衣裳色用等都有严格规定，广大民众在公共空间用色没有自由。而活泼用色的形成正是因为古代中国女性被排除在男性社会政治奋斗之外，女性于家内的自由空间里总可以随意运用自己喜欢的色调。

远古时期染色、采色不易，颜料的掌控也是被统治阶层左右，到盛唐时期国色大放异彩，所谓"色彩革命"来临才有庶民参与的身影。早在史前，女性对于色彩的文明开化就有记录，女性在服饰刺绣方面的灵活性使得中国的色彩运用缤纷鲜艳，生机无限。直到晚清刺绣大家沈寿（1874—1921，字雪宧）出现之前，中国刺绣五彩的调配基本是自我参照的过程。当沈寿有机会去国外，接触到西方技术后（尤其是欧洲的色彩原理和拟像技法），她为我们展现了光影下的人与物的赋色，她的作品也走到了世界的前列。（见图一）

历代红色文物遗存极多，明万历祭红釉折腰大碗、清康熙胭脂水釉暗夔龙小瓷尊、清康熙郎窑红釉瓷缸、清乾隆景德镇官窑祭红釉瓷盘、清乾隆仿朱漆菊瓣瓷盘、清乾隆景德镇窑祭红釉瓷七寸盘、清大红花锦缎、清乾隆海水双龙砚式朱墨、清云龙纹圆形朱墨等，喜庆寿宴、绫

图一 1915年沈寿赴旧金山参加第20届世博会，以创新的仿真绣法绣制的《耶稣像》荣获第一金质大奖，她被称作世界美术家。

图二 商代 虎纹花土 长41.3厘米 横112.8厘米 南京博物院藏

罗绸缎、纺织绣品、雕漆器用等，红色以其鲜明的感知性在民间运用与调配中最受欢迎。战国时期，红色在漆器方面广泛运用，红与黑的线条在各种日用品的装饰中交织，楚国的漆器工艺尤其胜出。

殷墟是商代的国都，"虎纹花土"（见图二）出土于1935年安阳殷墟的第11次发掘，当时出土的大墓编号为M1001，专家推论可能是商代晚期君主武丁之墓。所谓"花土"，其实就是表面装饰有夔龙、鸟羽、饕餮等动物纹样的黏土，是木椁顶盖上填土封板的装饰物。随着殷墟发掘出土物的增多，可供参考的证据也有所增加，有些花土上还镶嵌有"预先制作成形的白石片，蚌片、牙片"等小饰物。远古的先民们还在这些雕刻的纹饰上刷涂红色生漆。据陈梦家先生考证，这块"虎纹花土"是当时"仪仗"中"虎饰杠"的遗痕，是一块木椁上的装饰。这亦体现了商代崇尚白色，文献记载《礼记·檀弓上》明确提到"殷人尚白"，指出商朝在重大仪式（如葬礼、军事活动）中使用白色车马、旗帜和祭祀牲畜。据《史记·十二本纪·殷本纪》记载，孔子曰"殷路车为善，而色尚白"，强调商朝对白色的尊崇与其工艺技术并重。根据邹衍的"五德终始说"，商朝属金德（金克木，夏朝为木德），而白色象征金，因此成其国色。这一理论是将颜色与朝代更替的"天象"结合，在象征意义上赋予政权合法性。

（3）青色的生机

《说文》："青，东方色也。木生火，从生、丹。"《释名》："青，生也，象物生时色也。"青色的来源是草木的颜色。东方为木德，象征青色。日出东方，有着蓬勃生命的活力，青色含有蓝色，是翠鸟的颜色。《尔雅·释天》："春为青阳。"注："气清而温阳。"故春季又称青春。古代服色的礼律以青绿为下级胥吏及庶民服色。青色又可以理解为草木初萌时浅淡的绿色，是初生之色，与植物的生长、自然的生机相关。荀子《劝学》的"青，取之于蓝，而青于蓝"中，蓝为蓝草，是可提取靛蓝颜料的植物。李白《将进酒》诗"朝如青丝暮成雪"句中，"青"则指代黑色。青在"五色"体系中，并非单一的色彩，而是有着深浅微妙变化的色系。中国人凭着直觉的指认，便将青附会诸如生机、活力之类色感。太子住的地方称东宫，也称青宫，建筑以青色为主。去故宫博物院，看宫殿建构的屋顶，黄色琉璃瓦是皇帝专色，而太子或皇子的居所如南三所则使用青色（绿色）琉璃瓦，象征次于皇帝的等级。

文物中的青色数陶瓷中的青釉最早，从汉代早期至明清，"青"色釉在器物烧造中衍生出多种色韵。如群青、石青、天青、玄青、胶青、青黛、孔雀蓝等，仿佛色阶的音符，稍一拨动便是美妙的乐章。至于白地描青花瓷器，唐代已见雏形，是百姓喜闻乐见的一种装饰。服色中，帝王用青色多在春祭时。至于唐代李思训创立"青绿山水"一门，重点在于中国画表现和择色问题的方面。

（4）黑白的玄妙

五方正色中的黑与白是最富中国特色的两个色系。光谱中黑与白两极对立，商代灭夏、周代灭商都有自己国家的色尚和尊色。中国古代的贤者还用黑白来表示事物的阴与阳，形成了黑白相互依存的宇宙观。"白，启也，如冰启时色也。黑，晦也，如晦冥时色也。"这是汉代学者所著《释名》中对黑、白的训诂。中国绘画实践中的"黑"（墨色的分阶）与"白"（宣纸的底色）所交集而成的韵律和意境为老庄哲学打开了玄理之门，中国文人画的水墨实践离不开"水晕墨章"的渲染，这是黑白平面上的韵律，而白地黑花表现的磁州窑则将这黑白融合和谐地物化。本次展览中天津博物馆的数件中古时期的黑色文物，给观众留下了深刻印象。

（5）四象

杭州市临平博物馆"国色"展览中首次展出的镇江博物馆藏北宋元祐六年（1091）的一套琉璃陶器非常重要，是被称为"四象"的一套色釉雕塑。青龙、白虎、朱雀、玄武，我们认为四象虽与古代二十八星宿星象体系有关联，但主要还是与五行方谶学说结合，青龙属木（东方）、白虎属金（西方）、朱雀属火（南方）、玄武属水（北方），中央则以黄龙象征土行，是中国古代多维度哲学和宇宙观的交织演化与五方正色杂糅后的呈现。就像是印度佛教的早期并没有佛陀形象一样，后来以一座塔身建筑作为象征，再后来出现了雕塑的佛尊受人供养崇拜。宋代是国色运用既活跃又雅致的时期，四象又作四灵，被道教奉为护法大神，认为其具有风水镇守及镇压邪祟的力量。道教典籍《北极七元紫庭秘诀》载："左有青龙名孟章，右有白虎名监兵，前有朱雀名陵光，后有玄武名执明。逢节持幢，负背钟鼓，在吾前后左右，周匝数千万重。"是将这四位神兽当作护卫身心的神灵看待。

三、以色证道

"道法自然"是中国古代艺术家，尤其是中古时期艺术家的口头禅。南北朝时期虽说国家分裂，人民苦难，但是从印度传来的佛教从此开启中国化进程，中国艺术精神的觉醒期正在此时此刻进行，有人把《文心雕龙》的问世作为中国纯艺术理论推广的开始。中国南方两位沉浸于玄学的美术家一个提出"以色貌色"、另一位提倡"随类赋彩"，这是中国绘画史上不可多得的纯美学意义上的色彩论。

1. 随类赋彩：气韵的生动

宗炳是南朝宋人，大约活动于 5 世纪上半叶，美术史论家奉之为中国山水画总门类的祖师。他的《画山水序》中有这么一段话：

> 夫圣人以神法道，而贤者通；山水以形媚道，而仁者乐，不亦几乎？余眷恋庐、衡，契阔荆、巫，不知老之将至。愧不能凝气怡身，伤跕石门之流，于是画像布色，构兹云岭……况乎身所盘桓，目所绸缪，以形写形，以色貌色也。

文中首次提出了中国绘画造型与赋色两端。"以形"之"形"是画中之"形"，"写形"之"形"是大自然中的山水。"以色貌色"就是画对象之色即山水之色。提出了绘画的色彩要"貌"客观的山水的色彩。这种建议有"写实"的意味，而不是地道的"写实"理论。通观全文，那精神是儒、道兼有而以道为精髓，以儒为外饰。"仁者乐山""智者乐水"本是儒家之说，而文章的情趣，则俨然有道家隐逸之气。文中"间居理气，拂觞鸣琴，披图幽对，坐究四荒……独应无人之野"的描写，是一派魏晋气象。宗炳好游，以疾不能履迹山水，乃叹曰："噫！老病俱至，名山恐难遍游。唯当澄怀观道，卧以游之。""卧游"遂成中国画审美的独特方式，所以中国的山水画更多是心灵的描绘和体验，而非对景的写生。[1] "随类赋彩"由南朝齐的谢

---

[1] 姜澄清：《中国色彩论》，甘肃人民美术出版社，2008 年，第 74 页。

赫提出，它是中国画学最具影响力的绘画六法论，原文是："六法者何？一气韵生动是也，二骨法用笔是也，三应物象形是也，四随类赋彩是也，五经营位置是也，六传移模写是也。"（谢赫《〈古画品录〉序》）我们的理解是与宗炳的"以色貌色"一样具有"写实"意味，是随物类之自然色而赋彩。古人所谓的写实，严格意义上说只是写意。离开了对物体、对光、对视觉的种种研究，都难以真正"写实"。就像北宋中期画家郭熙在他的创作论《林泉高致》中说画"水色：春绿、夏碧、秋青、冬黑"，即绘画用色都只是大概而宽泛的类色，万物的生命与属性都是老子庄子所悟到的这个道所赋予的，宗炳和谢赫都崇尚于虚无中见气韵。

玄学之外，佛教的大兴，为中华色彩注入活力。据姜澄清先生对佛教色彩观的研究可知，佛教也有五方正色和间色，与中土大同小异，这是文化融合的结果。佛教中的黄从五方正色脱化成"菩提黄"，称有"金刚性"。既然佛教大兴于此时，那么讨论中国的色彩无论如何绕不开敦煌壁画的缤纷五彩，但是现存洞窟、壁画的布色已经远非当初的面貌，都会因年代久远产生非常严重的变色问题。

中国色彩在汉代已经基本开了局面，秦、汉两代之后，国色的基因种子一经南北朝的融合发展，根须茂盛，至唐代，蔚为大观。

2. 墨分五色：墨彩的神现

唐代擅长书画，精于鉴赏的张彦远（815—907）著《历代名画记》卷二讨论绘画技法时称："夫阴阳陶蒸，万象错布，玄化亡言，神工独运。草木敷荣，不待丹碌之采；云雪飘扬，不待铅粉而白。山不待空青而翠，凤不待五色而绛（彩）。是故运墨而五色具，谓之得意，意在五色，则物象乖矣。"[1] 斯文千古，水墨丹青的妙论被张彦远这段文字表述无遗也流传千年。丹即赤色类颜料，而青即正色之青，中国画中的花青色是用蓝靛（又作"蓝淀"）制成的。花青颜料的由来源于我国用蓝靛染色。《说文解字》释"蓝"就是染青色的草。记得20世纪80年代，大学写生课去西南地区的苗族聚居地，见当地妇妪还种植蓼蓝等植物，并用蓝靛染布，经过很多道工序后，白色的布匹就成一种黑中泛着紫青色的布料，晾晒在竹竿上，煞是好看。所以我们的蓝靛经优质提取后，比现代"普蓝"颜色更加鲜艳，且能抗拒日光，不太容易褪色。

---

[1] 引自《历代名画记》第三篇《论画体工用拓写》。见张彦远著，秦仲文、黄苗子点校：《历代名画记》，人民美术出版社，1953年，第6页。

当明代松江地区的文人董其昌（1555—1636）等提出文人画"南北宗论"那一刻起，中国绘画的典型——文人画开始理论体系化了。水墨画的特点是运用水墨的深浅、浓淡来表达各种事物所具有的光与色。其文化背景以老庄为主线糅合佛家的禅宗义理，根据水墨墨色深浅程度的不同，大体上将墨的节奏分为焦、浓、重、淡、清五种，古代的画论中称之为墨色。中国水墨画法很早就出现了，但一般美术史认为其成为独立画种是始于唐代诗人画家王维并逐渐形成体系，宋代文人将此技法和精神付之实践并形成理论，水墨技法随之被后世赞赏并实践不殆。

3. 天才运色：情绪的物化

从留存的绘画藏品看，我认为中国美术史上有两位天才画家，他们都生活在明代。一位是徐渭，将水墨运用到极致；另一位是仇英，将色彩运用到出神入化。两人都是情绪物化之典型。

徐渭（1521—1593）是明代泼墨大写意画派的代表人物，以狂放不羁的笔致和强烈的个人情感表达将中国水墨画技法发展到里程碑阶段。其水墨作品常常通过墨色的浓淡、干湿的节奏变化表现物象神韵，无论是文人画的自由表现力，或者是诗书画的结合方面都浑然一体。其题诗"从来国色无装点"，将自然中的牡丹花画成《水墨牡丹图》，摒弃艳丽色彩，以纯墨色的变化来表现牡丹丰富的姿态，彰显了画家个人的情感以及他愤世嫉俗的个性特点。徐渭自诩"我书第一、诗二、文三、画四"。晚明袁宏道（1568—1610）给他作的评价是："文长喜作书，笔意奔放如其诗，苍劲中姿媚跃出。予不能书，而谬谓文长书决当在王雅宜（王宠）、文徵仲（文徵明）之上，不论书法而论书神。先生者，诚八法之散圣，字林之侠客也。"书画本同源，然而自评"画四"的徐渭常"戏墨""谑墨"，其万历年间创作的《杂花图》卷（现藏南京博物院），近 11 米长。由牡丹、石榴、荷花、梧桐、菊花、南瓜、扁豆、紫薇、葡萄、芭蕉和梅、竹、水仙十一个单元组成，"展开全卷，尽管一花一木互不搭界，而虚实、灵动予人一气相连的感觉。这卷子的精劲处是它在气势上既一气呵成，对物性本身却又表现得丝丝入扣"[1]。徐渭对于应物、赋形、墨色的操控何尝不是近乎于神，其天纵之才将气韵之道逸，使得"物无遁情"，顷刻间墨色自然生趣，为他所追求的"文、道、禅"留下了一道亮彩辉光。

仇英（约 1498—1552），字实父，江苏太仓籍，出身寒微，"初为漆工，兼为人彩绘栋宇"，十八九岁时就与苏州的文人圈酬唱，受"南风"熏洗颇深，凭匠师身份跻身文人画"明四家"之列，

[1] 南京博物院编：《青藤白阳——陈淳、徐渭书画艺术》，译林出版社，2017 年，第 133 页。

其绘画天才的独到可见一斑。仇英很少以水墨晕色，更擅长重彩画法，用色以工整精艳、明快清朗著称。特点是在青绿（石青、石绿）中调入淡墨再上色，或上色后用淡墨层层烘染，以消画面"火气"，使浓艳的青绿色呈现文秀雅致的色感。譬如他作山水时，常分层渲染，山石先以赭石打底，再分染石青、石绿等矿物质颜料，使色彩协调而有层次感；再通过画幅留白勾云，淡化青绿重色的浓艳，其《桃源仙境图》《九成宫图》皆为此类。仇英画仕女图以工笔重彩为主，色彩明丽但不过度饱和，衣饰则多用朱红、金粉等，配以淡雅的背景，形成了他独到的"精丽绝逸"之风，近六米的《汉宫春晓图》长卷为其人物配景画代表作。仇英的青绿山水画常融入淡墨或浅绛，色调清新，如《秋江待渡图》。可以想象仇英作画时勤谨坚韧，孜孜以求，情绪平稳而有耐心，在其作品中，世俗生活的蓬勃热闹表现得明快妍雅。董其昌历来青睐文人画、士气画，但在其著作《画禅室随笔·卷二》中评论说："李昭道一派，为赵伯驹、伯骕，精工之极，又有士气。后人仿之者，得其工，不能得其雅。若元之丁野夫、钱舜举是已。盖五百年而有仇实父，在昔文太史亟相推服。太史于此一家画，不能不逊仇氏。"文中"钱舜举"是元初画坛领袖赵孟頫的师友钱选，而文太史就是文徵明，仇英的人生导师。董其昌的大意是说李昭道开创"青绿山水"一派，后续画家不少，但多数画里只有精工，没有文雅气韵，五百年了，才有一个仇英。仇英画作的五彩鲜艳连他的老师文徵明都显逊色。的确，能像仇英那样把绛紫、朱红、赭石、粉白、石青、石绿这些重色搭配得那么典雅清朗的画家少之又少。杭州市临平博物馆本次展览展出的虽然是仇英款作品，但基本反映了其运色用彩的方法。

四、寻色中国

明代中国江南地区的富裕带来了工艺品生产与销售的发达，同时对"长物"的鉴赏之风盛行，其涵盖面之广遍及中国艺术与工艺的各个领域。此时物色的运用具有强烈的自由审美意趣，与上古时期森严法度下的种种禁锢有了明显的区别。明末发明家宋应星（1587—1666）的《天工开物》以实用性为目的，为百姓日用的器物，从原料到加工成物件提供了一部百科全书式的设计指导经典，成为具有中国特色的设计鼻祖。他的著作几乎没有谈到色彩应用，但到处都有关于色彩的词语在列。元末陶宗仪（1329—约1412）《南村辍耕录》总结画家"十三科"中最后一科"雕青嵌绿"是对工艺性设色技法的归类，包含矿物绿色、植物青色的使用，侧重装饰性与人工雕琢时的赋色方面，反映了传统绘画分类中色彩与工艺的高度结合。这里借用前人的一句话总结：中国的文明是动的，所以有像周秦汉唐的强大，中国的制度文章与器物造型，皆是一派生动变化之机。前述汉代以后，中国色彩观念再无创见，宋元明清的色彩艺术继承"玄流"并不断发展，直至清末才趋于衰微，一方面是封建制度的瓦解使得以色彩分别贵贱尊卑的观念随之告终，人人皆可自由选择色彩，近代社会，或者说"平民社会"的用色没有紧箍咒，只有审美的设计和艺术的展现；另一方面，封闭状态的结束，西方文化中用色的科学性植入，使得中国色彩观念从单一走向了多元。

欧洲文艺复兴以来，艺术的变革给西方美学带来了"生命表现""情感流露"等问题，宗白华说："而中国艺术的中心——绘画——则给与中国画学以'气韵生动''笔墨''虚实''阴阳明暗'等问题。将来的世界美学自当不拘于一时一地的艺术表现，而综合全世界古今的艺术理想，融合贯通，求美学上最普遍的原理而不轻忽各个性化的特殊风格。因为美与美术的源泉是人类最深心灵与他的环境世界接触相感时的波动。各个美术有它特殊的宇宙观与人生情绪为最深基础。中国的艺术与美学理论也自有它伟大独立的精神意义。所以中国的画学对将来的世界美学自有它特殊重要的贡献。"[1]

1. 彰施五彩

当今博物馆藏品中，百姓日用遗存最多，不管是色彩的搭配还是色阶的组合都非常和谐悦目。我国早期的色彩运用多记载于典籍，而实物种类并不多。战国至汉代绘于缣帛之上的作品很多，但历经数千年之后，遗存却极少。目前最重要的帛画发现地有湖南长沙子弹库、陈家大山战国墓以及长沙马王堆汉墓和山东临沂金雀山汉墓。《释名》解释"画"（描绘图形的艺术品）："挂（上色，涂抹）也，以五色挂物上也。"汉末完成的这部著作说明绘画在汉代末年都并不普遍。西汉时期的帛画如西汉马王堆1号墓T形帛画，这幅色彩仍然保持鲜明的作品，"上部和底部分别描绘的是天界和阴间，中间两部分则表现的是轪侯夫人的生活场景。绘者对墓主及各种神禽异兽的刻画极为生动，勾线流畅挺拔，设色庄重典雅"。学者们对此的解释纷纭多样，如果他们结合先秦诸子的学说，并从两汉阴阳五行为核心的五色观出发，也许问题就会迎刃而解。金雀山汉墓的帛画目前保存状况一般，其画面内容与马王堆汉墓的帛画相近，说明创作两

---

[1] 宗白华：《艺境》，北京大学出版社，1986年，第87页。

图三　战国　人物御龙图帛画　湖南博物院藏　　　图四　秦咸阳宫壁画[1]

件作品的文化背景是一致的。

　　《人物御龙图》（见图三）是战国中晚期佚名创作的绢本水墨淡设色画作，1973年出土于长沙子弹库楚墓1号墓穴，描绘墓主人乘龙升天的情景。丝帛上的作品，出土时原本的色彩会"流失"，如今仅存少量出土物上还能依稀看出其用色的神采。秦咸阳宫的宫廷壁画（见图四），是考古工作者将墓壁残碎的泥片组合起来的呈现，完成它是非常艰巨的工作，这块珍贵的遗存呈现了秦帝国的"尚黑"之风，我们现在可以明白为什么秦咸阳宫壁画是以黑色上彩。如果你要认清国色，除了丝帛类，建筑上的画像砖、壁画等遗存都是研究的好材料。

　　2. 拟物生香

　　花卉界，牡丹被誉为"国色天香"应无疑义。唐大和年间（827—835），中书舍人李正封咏牡丹的诗句"国色朝酣酒，天香夜染衣"被唐文宗赞赏，从此"国色天香"成为牡丹的代称。牡丹花开娇艳，花盘硕大，颇符盛唐之风，庶人晚春以戴芍药为美，而宫贵士族则戴牡丹花以别高下。牡丹在唐代（尤其是开元、天宝年间）成为宫廷和民间追捧的"花王"。唐玄宗与杨贵妃在沉香亭赏牡丹的轶事（李白赋《清平调》）、长安城"花开时节动京城"（刘禹锡诗《赏牡丹》）的盛况、"一丛深色花，十户中人赋"（白居易诗《买花》），多少诗人的吟唱奠定了牡丹的国色地位。牡丹的栽培始于南北朝，隋炀帝时进入皇家园林，至唐代才真正成为花中"国色"的象征。而晚明才媛柳如是则以春天的桃花自比，"桃花得气美人中"，桃花是因美人而娇艳芬芳。

[1]　图版见曹玮主编，秦始皇帝陵博物院编：《真彩秦俑》，文物出版社，2014年，第11页。

图五　明　香色麻飞鱼贴里吉服　两袖通长 252 厘米　袖宽 49 厘米　山东博物馆藏

3. 瓷色天青

宋人运用五色相配，巧妙运用间色的技巧去哪里寻找呢？宋代的缂丝和瓷器中寻色最巧，这两类藏品各地博物馆所藏甚丰。徽宗《瑞鹤图》上晕染的天空颜色大概就是天之青色。"雨过天青云破处，这般颜色做将来"据说与五代后周世宗柴荣（921—959）有关。明代谢肇淛《五杂俎》明确提到，柴荣曾为柴窑瓷器御批此诗，要求釉色仿照雨后天空的天青色。其实，瓷器除了青色，还可以涵盖黑、黄、白、红等各种颜色，明代青花瓷的釉料选择、钧窑色釉的流变都反映了中国色的特点。

4. 意色秋香

秋香色的色泽介于黄与绿之间，既非浅黄、淡黄，也非黄绿，而是呈现出一种独特的浅橄榄色。这种色彩在暖色系中显得略带冷调，整体明度偏低，却散发着高贵、温雅的气息。山东博物馆"衣冠大成——明代服饰文化展"中有一件香色上衣引人注目（见图五）。

如果是讲服色，香色在古籍中指茶褐色，清代皇太子朝服色即是。而秋香色被明确称为"香色的秋天版"，即在黄中添加少量绿，是雅人深致的色调。

5. 天上彩云

云锦属南京地方织绣，因其色泽光丽灿烂，犹如天上云霞而得名。东晋时期，南京便设有专门管理织锦的官署——锦署。云锦在元、明、清三朝均为皇家御用贡品，尤其是明清皇帝的龙袍就是用云锦织成的，云锦又被称为"天衣"。东晋末年，刘裕北伐灭后秦，将长安的织锦工匠迁到南京，这些工匠带来了两汉、曹魏、西晋和十六国前期的织锦技艺，南京云锦得以开始发展。自元代始云锦成为皇家服饰专用，明朝时织锦工艺日臻成熟，至清代达到巅峰。云锦的织造工艺极为繁复，至今无法被机器取代。织造过程中需要拽花工与织手紧密配合，拽花工负责提拉经线，掌控图案布局，而织手则负责织纬和妆金敷彩。两人一天辛勤劳作8小时，最多也只能织出区区5至6厘米长的云锦面料。

6.景泰蓝色

景泰蓝，正名"铜胎掐丝珐琅"，是一种将铜与珐琅结合，经过多道工序烧制而成的工艺品。景泰蓝制作需经制胎、掐丝、点蓝、烧蓝、磨光、镀金七大步骤，近百道工序。简单说是一种在铜质胎器上以柔软的扁铜丝，掐成各种花纹焊上，然后把珐琅质的色釉填充在花纹内烧制而成的器物。其工艺融合了铜器铸造、瓷器釉烧、金属錾刻、绘画雕刻等技艺，将冶金、玻璃熔炼、镶嵌等多道工艺完美集合。明代便有"一件景泰蓝，十箱官窑器"之说。其中点蓝工艺是用珐琅釉料填充掐丝纹样，釉色以蓝为主，配和红、黄、绿等彩色，需多次填釉烧结以达饱满效果。点蓝后的烧蓝需要800℃至1000℃高温的反复烧制，使釉料熔融固化，火候的掌控直接影响器物成色。"景泰"是明代宗朱祁钰（1428—1457）的年号，大概这个时期，原本西域的舶来品"珐琅"制器工艺在中国愈加成熟发展，成为宫廷贵族专享的流行器用，景泰年持续有7至8年时间，这个以青蓝色为主色的"景泰蓝"朗朗上口，遂成此工艺的名称，它与雕漆、牙雕、玉雕等并称宫廷工艺的"燕京八绝"。

结　语

以上林林总总，探析文物中的国色承载，当然不能以一概全，但是基本的道理都在了。中国的五色是中华文明的特性之一，具有连续性、创新性、统一性和包容性。中国色彩初期的象征意义是从阴阳开始，逐渐出现五行的对应概念、以五行的五个方位来对应色彩，分别是东青、西白、南朱、北玄、中黄。从属性来看，东对应木、西对应金、南对应火、北对应水、中间对应土。对照色彩来看，就可看出颜色与金、木、水、火、土的对应关系，五行的概念也体现着自然界的相生和相克。"不论古代或今日，人类在面对不可抗力时，为求心灵寄托，都会做出许多奇特且无法解释的行为。这些行为经过长时间的累积演变为生活准则，甚至晋升为不可侵犯的信仰，有些更带有神秘蕴意。色彩在使用中，也演变出许多特别的象征意义。"中国人向来对色彩是敏感的，古人将任何色彩的呈现都视为国运及个人命运的符兆，这是国色的来源。远古时代的服色，其烦冗复杂令人难以置信，愈到上层更加苛繁。那是尊礼施色的时代，不是我们现在美学方面所能理解的色彩，而"是伦理与社会学的问题。为什么要用这种颜色，或者说只能用这种颜色，是'礼'的问题，不是审美。色彩之价值在于分别贵贱尊卑和内外的不同"。如今，国富民安，河清海晏，每一个中国人运用色彩、选择色彩都是自适和自由的，我们中国人的色彩可以是诗意的表现，也可以是情绪的安放，更可以是创作的承载。我们可以仿佛那句"绚烂之极归于平淡"，诸如礼服、吉服、常服、行服、便服，只有帝皇后才能用明黄色，现代人，如果你喜欢这个颜色，又何妨呢。

参考文献：

① 宋应星撰，邹其昌整理：《天工开物》，人民出版社，2015 年。

② 吴保和、魏燕玲：《中国红：文化符合与色彩象征》，《云南艺术学院学报》，2013 年第 3 期。

③ 姜澄清：《中国色彩论》，甘肃人民美术出版社，2008 年。

④ 徐复观：《中国艺术精神》，广西师范大学出版社，2007 年。

⑤ 任继昉、刘江涛译注：《释名》，中华书局，2021 年。

⑥ [英] 柯律格著，高昕丹、陈恒译：《长物：早期现代中国的物质文化与社会状况》，生活·读书·新知三联书店，2015 年。

⑦ 山东博物馆、孔子博物馆编：《衣冠大成：明代服饰文化展》，山东美术出版社，2020 年。

⑧ 南京博物院藏宝录编辑委员会编：《南京博物院藏宝录》，上海文艺出版社，三联书店 (香港) 有限公司，1992 年。

家国重色

在中国传统文化谱系中，色彩从来不仅仅是一种视觉上的感受，更是一套承载着家国秩序的文明密码。青、赤、黄、白、黑这五种正色，构成了中国传统色彩体系的核心框架。

在古代，色彩成为政权合法性的重要象征，即在古人眼中，朝代的更替被视为天命的转移，每当新政权建立，必先选择一种正色作为自己的代表色，以示新王朝对天命的继承。同时，色彩秩序与社会等级制度紧密相连，比如不同阶层的服饰色彩有着严格的规定，从天子到庶民形成了"非其人不得服其服"的礼制传统。

从黄帝"垂衣裳而天下治"的远古传说，到明清龙袍十二章纹的森严规制，数千年来，这套以五方正色为核心的色彩体系深刻影响了古代中国政治、文化及社会秩序的构建，影响到了文化、生产等方方面面的视觉表现，和中华文明的发展如影随形。

陶

玉

漆

石

新石器时代的石器制作多就地取材，石料主要分为火成岩，沉积岩和变质岩三类。火成岩（如闪长岩）多呈深灰或黑色，质地坚硬，适合制作石斧等耐用工具；沉积岩，如石灰岩、砂岩）多为浅灰、米黄或淡红色，质地较软，易于加工，常用于制作石铲、石刀等；变质岩（如板岩、石英砂岩）颜色多样，质地均匀，适合制造精细工具。

新石器时代是漆器的起源阶段，目前考古发现年代最早的漆器是浙江余姚井头山遗址出土的两件漆木器，距今已有8200年。

玉石在特定埋藏环境中，长时间与土壤、水和其他矿物质接触而发生物理与化学变化后，在玉石表面或内部产生了多种色泽与纹理变化，这种变化后的色泽和纹理被称为玉沁。

陶器的颜色主要由陶土含铁量和烧制条件共同决定。铁含量低于1%时，陶器烧成后通常呈现白色或浅黄色。随着铁含量增加至1%-5%之间，胎体颜色逐渐加深，在氧化或还原气氛下，陶器呈现浅红、橙红、砖红色（红陶），或呈灰色、青灰色或灰黑色（灰陶）。

取法自然

中国传统色彩体系的形成并非一蹴而就，人们从发现色彩、认识色彩到使用色彩，其间经历了漫长的发展过程。自然界中的色彩千变万化、数不胜数，但如今，这些色彩传递给我们的感受，已是数千年来各种认识、观念相互融合、共同作用的产物了。而在远古时代，当华夏文明曙光开启之时，这些斑斓纷繁的色彩，曾是远古先民感知自然的重要媒介。

新石器时代的各色陶器、漆器、石器、玉器，既是远古先民对"物"的创造，也是他们在色彩运用上丰富创造力的见证。从观察自然再到取法自然，远古先民们通过研磨矿物提取朱红，运用矿物颜料绘制彩陶纹饰，在反复实践中构建起最初的色彩认知。通过这些文物，我们能清晰地观察到远古先民对色彩的认知轨迹：从单纯模仿自然之色，到有意识地组合运用，最终使色彩成为表达原始信仰与审美意识的重要载体。

红陶的颜色主要来源于胎体中的铁元素。自然界的黏土通常含有一定量的铁元素，制成陶器入窑烧制时，若窑内处于氧化气氛（即窑炉内的氧气供应充足时），胎体中的铁元素就会被氧化成红色的三氧化二铁（Fe_2O_3），从而使烧成后的陶器表面呈现从橙红到砖红色不等的颜色。

最初，古人可能是偶然发现某些陶土在特定条件下烧制后会变成红色，在逐渐掌握这一现象背后的规律以后，他们开始有意挑选富含铁质的黏土，并通过调整烧制方法来获得理想的红色效果。

夹砂红陶鼎
崧泽文化时期
通高 8 厘米，腹径 10.3 厘米
杭州市临平博物馆藏

陶·灰

灰陶的颜色同样来源于胎体中的铁元素。在还原气氛中（即窑炉内的氧气供应不足时），陶土中的铁元素会被还原成黑色的氧化亚铁（FeO），从而使烧制后的陶器呈现灰色或灰黑色。

此外，灰陶的产生还与窑炉温度的提高有关，红陶的烧制温度一般在 800℃ 左右，灰陶的烧成温度则要达到 1000℃ 左右。

镂孔泥质灰陶豆
崧泽文化时期
通高 12 厘米，口径 22.5 厘米
杭州市临平博物馆藏

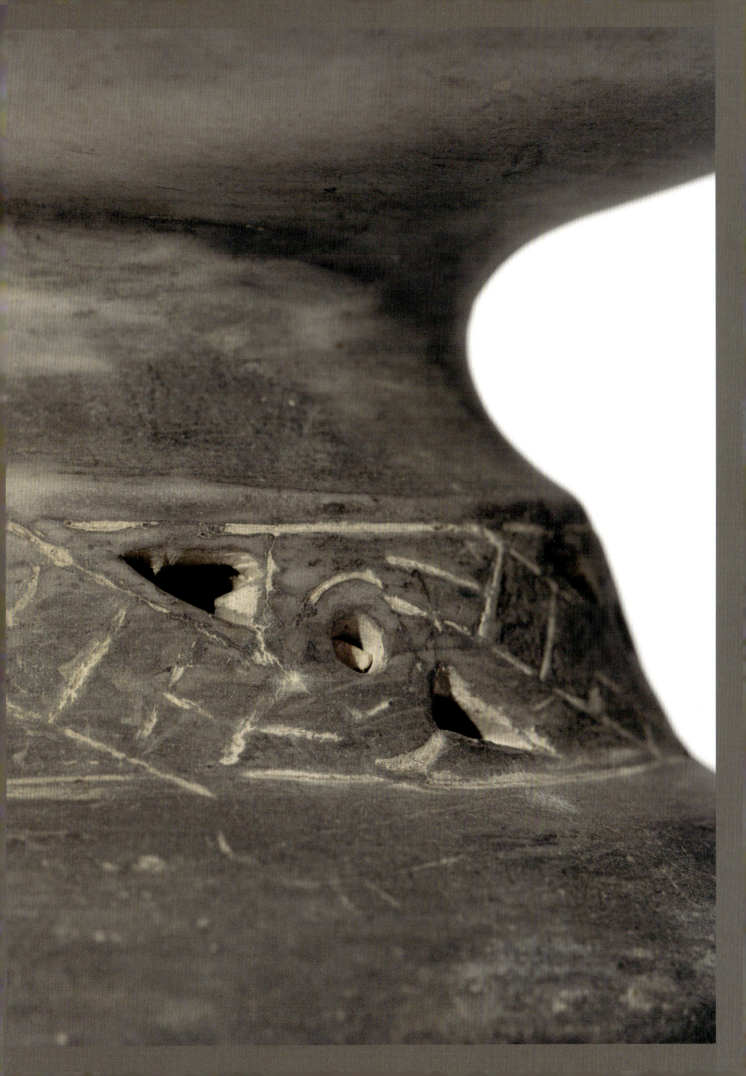

陶·黑

黑陶是良渚文化的典型器物，通常制作精细、修胎规整，其胎土纯净细腻，可能经过淘洗处理，并且陶坯表面经过打磨，显得光滑平整。

良渚黑陶的黑色外观主要通过渗碳工艺实现：在烧制过程的最后阶段，大幅减少窑炉内氧气供应，使木柴不充分燃烧而产生大量黑烟，烟气中的碳元素逐渐渗入陶坯表面，形成一层黑色光亮的薄层，使陶器外表发黑、致密。

黑陶鼎

良渚文化时期

通高 16.5 厘米，口径 22.5 厘米，边宽 3.3 厘米

杭州市临平博物馆藏

刻符黑陶罐

良渚文化时期

残高 25.6 厘米，腹径 21 厘米

杭州市临平博物馆藏

该罐表面经过精细打磨，陶衣漆黑光亮。罐肩部刻有 22 道线条，透过陶衣磨损处可见灰色胎骨。

黑陶双鼻壶

良渚文化时期

通高 11.5 厘米，腹径 8.5 厘米

杭州市临平博物馆藏

陶 · 橙黄

橙黄陶以含铁量极低（小于1%）的黏土或高岭土为胎体原料，避免了铁元素显色干扰。陶器烧成后呈现浅黄色，这是远古先民们有意识地对制陶原料进行挑选、淘洗、提纯的结果。

橙黄陶袋足鬶

龙山文化时期

通高 29.9 厘米，腹长 19.5 厘米，足高 7 厘米

山东博物馆藏

陶鬶是一种盛水器，形似鸟。

陶·彩

彩陶是一种在陶器表面绘以彩色图案的陶器，主要盛行于新石器时代中晚期。在工艺上，彩陶表面大多经过细致打磨，显得光滑平整，便于后续装饰。其胎体含铁量约 3%—5%，氧化烧制后呈橙红色，是彩绘图案的理想底色。远古先民们在坯体表面用天然矿物颜料（如赤铁矿、锰矿等）绘制图案，入窑烧制后，颜料与胎体结合，形成稳定的色彩，常见的颜色有红、黑、白、褐等。

马家窑文化彩陶是新石器时代晚期彩陶艺术的杰出代表，早期彩绘以黑彩为主，晚期多以黑、红二彩并用来绘制花纹。

人绘饰的笔触无着，当时的彩绘工具可能是毛笔或类似工具。

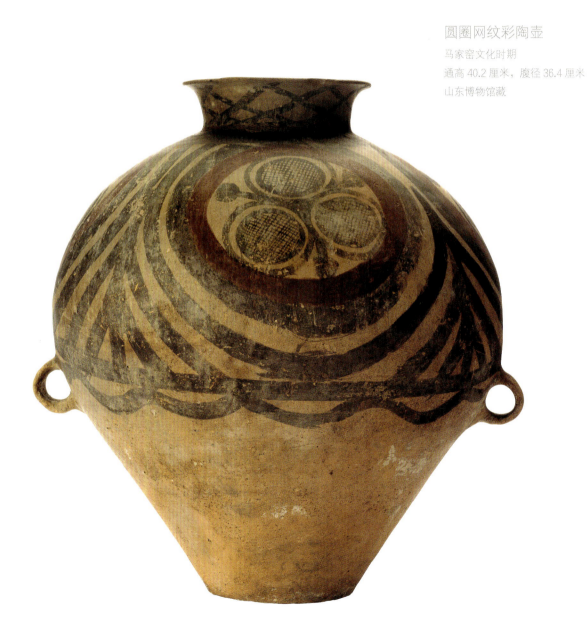

圆圈网纹彩陶壶

马家窑文化时期

通高 40.2 厘米，腹径 36.4 厘米

山东博物馆藏

此陶壶表面打磨光滑，橙黄色胎体上以红、黑颜料绘圆圈网纹，纹饰构图繁复，彩绘线条流畅。

这种工艺不仅展现了史前先民对材料特性的深刻认知，更通过几何纹、动植物纹等图案，生动记录了早期人类的审美意识与精神信仰。

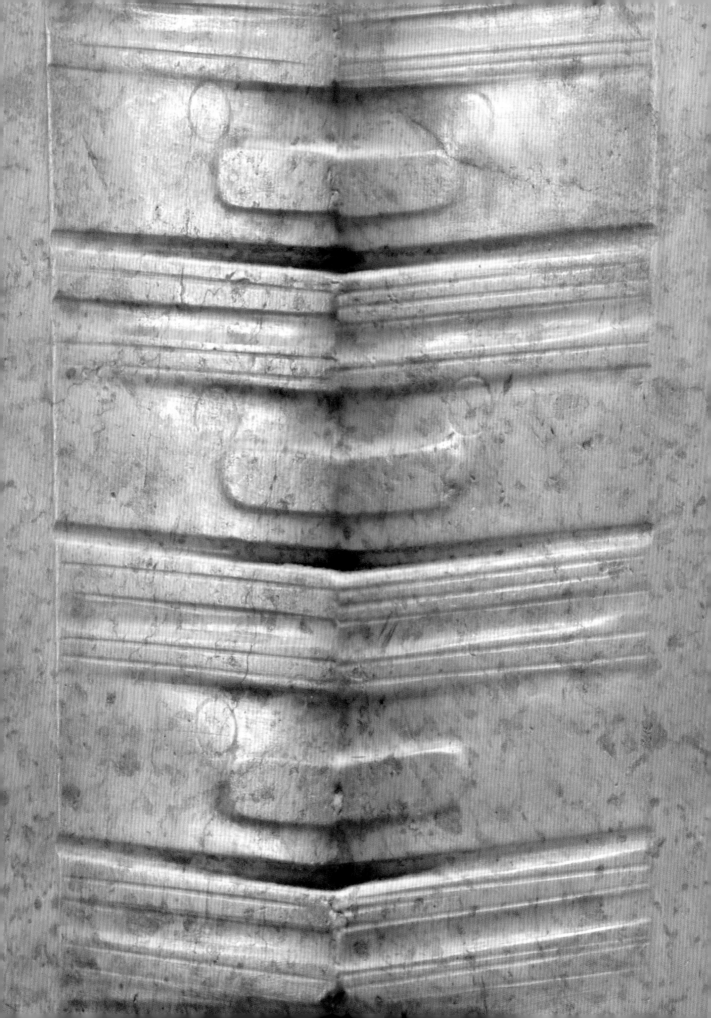

良渚玉器主要分为非透闪石玉和透闪石玉两大类。非透闪石软玉包括叶腊石、萤石、石英、玛瑙等。在良渚文化时期，硬材质的石英、玛瑙已经非常少见，尤其是石英类，这与制作工艺的改变有关。透闪石软玉是良渚玉器的核心材质，主要分为两类，其中一类未受沁时呈半透明湖绿色，受沁后变为鸡骨白或象牙白色。这种玉料质地细腻，多用于制作玉琮、玉钺、三叉形饰等高等级礼器。

玉·白

简化神人面纹双联玉琮

良渚文化时期

（上琮）高 7.5 厘米，上径 5.9 厘米，上孔 5 厘米，
下径 5.8 厘米，下孔 4.9 厘米

（下琮）高 7.5 厘米，上径 5.8 厘米，上孔 4.9 厘米，
下径 5.6 厘米，下孔 4.8 厘米

杭州市临平博物馆藏

该组玉琮呈青白色，带灰褐筋斑，长方柱体，上大
下小，内圆外方。琮是良渚文化最具代表性的玉器，
是神权与王权的重要象征，其外观呈外方内圆的简
形，体现了"天圆地方"的宇宙观。

玉钺

良渚文化时期

长 13.6 厘米，刃宽 10.4 厘米，背宽 8.8 厘米，孔径 2.8 厘
米，厚 0.7 厘米

杭州市临平博物馆藏

该玉钺呈白色，带浅灰色筋条。钺是一种礼器，由
斧演变而来，在良渚文化中，玉钺是军权的象征。

玉·青

另一类良渚透闪石软玉是未受沁时为不透明的暗绿色，受沁后呈现五色斑驳，肉眼可见绢云母状纤维结构。这类玉料因杂质较多，玉质相对较差，主要用于制作玉璧。

玉璜

良渚文化时期

弦长 9.7 厘米，厚 0.5 厘米

杭州市临平博物馆藏

该玉璜表面有网状白化，光泽感好。半璧形，两侧对钻有小系挂孔。玉璜是良渚文化中常见的佩饰，用于佩戴在颈部或胸前，是身份与地位的象征。

玉璧

良渚文化时期

直径 18.3 厘米，孔径 4.3 厘米，厚 1.5 厘米

杭州市临平博物馆藏

该玉璧呈墨绿色，表面有鸡骨白色玉沁。玉璧是
良渚文化玉礼器的重要组成部分，一般被认为是
祭天用的礼器，也有学者认为是财富的象征。

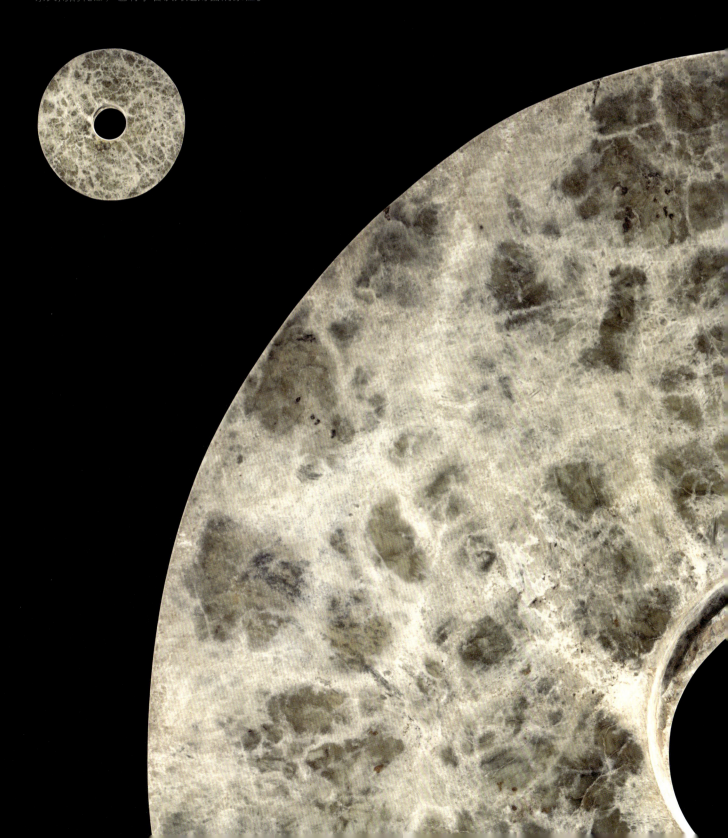

漆·朱

先民们对漆器的利用经历了漫长的历史发展过程：8200 年前的井头山漆器，是先民们利用天然生漆的初步尝试；7000 年前的河姆渡朱漆木碗，说明先民们已经学会了使用朱砂颜料调色；良渚文化时期嵌玉漆器、髹漆彩绘漆器的出现，则标志着先民们对漆的利用迈上了新的台阶。

漆把石钺
良渚文化时期
石钺高 50 厘米，宽 30 厘米
杭州市临平博物馆藏

良渚文化玉架山遗址出土的漆把石钺，是迄今为止国内首次发现的保存较为完整且带有朱漆把柄的良渚文化石钺。殷红的朱漆把柄保存完好，绑缚在石钺上构成了象征军权的权杖。

石·青灰

半月形三孔石刀
马桥文化时期
长 4 厘米，宽 10.6 厘米，厚 0.5 厘米
杭州市临平博物馆藏

该石刀为青灰色石质，表面有灰白色土斑。其刀体呈半月形，刃部打磨锋利便于切割，刀身中上部均匀分布着三个圆形钻孔，可穿绳绑缚木柄。半月形三孔石刀是马桥文化中典型的石器工具之一，主要用于农业生产中的收割作业。

通过磨制工艺，石器表面光滑平整，不仅实用，还展现出多样的色泽与质感，体现了先民对材料运用的深刻理解和高超工艺。

五方五色

中国传统色彩的精髓在于其独特的五色系统。青、赤、黄、白、黑这五种颜色，是中国传统色彩的核心骨架，被称为"五正色"。五色系统以阴阳五行学说为根基，将五色、五行（木、火、土、金、水）、五方（东、南、中、西、北）对应融合，构成了中国传统色彩体系的主体。

在五方五色系统之上，有一种更高的存在——天玄和地黄。《周礼·考工记》言："画缋之事杂五色，东方谓之青，南方谓之赤，西方谓之白，北方谓之黑。天谓之玄，地谓之黄。"由此可知，五色是一个与人、生活相关的方位系统，而"玄"加入这一系统，则是色彩系统的进一步升级。天玄作为一种更高的存在，是威权、神秘、未知、过去、未来的象征，而五色则代表着现在。加入"玄"之后的六色概念，实则可以看成"玄黄"系统。在这个系统里，"黄"色其实已经涵括了五色。因为"黄"是"人"、是"中"，更是东、南、西、北四方和青、赤、白、黑四色产生和获得存在的关键，是一种自我、主体性的认识。

此外，在实际运用中，正色不正的现象广泛存在。受时代审美的不同与工艺技术的限制，各个时期的五正色在色相上往往存在一定差异，这种差异正显著地体现在了历代的传世文物之中。

玄武为北方之神

青龙、白虎、朱雀、玄武四
兽融入了五行和方位，以不
同颜色代表：东方青色为木，
西方白色为金，南方赤色为
火，北方黑色为水，中央黄
色为土。

白虎为西方之神

青龙为东方之神

朱雀为南方之神

琉璃青龙

北宋·元祐六年

通高 46.5 厘米，长 66 厘米

镇江博物馆藏

1978 年 2 月江苏省溧阳市竹箦公社中梅大队
北宋元祐六年墓出土。

该青龙张口怒目，四肢粗壮有力，足为五爪，
龙尾向上，足部及耳后皆有鳍，龙体刻鳞甲。
身首施绿色琉璃釉，脊鳍施黄色琉璃釉。

琉璃白虎

北宋·元祐六年
通高 41 厘米，长 60 厘米
镇江博物馆藏

1978 年 2 月江苏省溧阳市竹箦公社中梅大队
北宋元祐六年墓出土。

该白虎双眼圆睁，足为五爪，虎尾向上，周
身刻出鳞甲。此虎在工艺制作方面，匠心独运，
别具一格，虽名为虎，实则猫首麟身，神态
可爱。身及首部均施淡黄色琉璃釉，脊施姜
黄色釉。

琉璃朱雀

北宋·元祐六年
通高 25.5 厘米，长 18.5 厘米
镇江博物馆藏

1978 年 2 月江苏省溧阳市竹箦公社中梅大队北宋元
祐六年墓出土。
该朱雀长冠高耸，双翅展开，胸部突起，翘尾，身
以粗细线条刻出羽毛。通身施琉璃姜黄釉。

陶玄武

北宋·元祐六年

通高 16.5 厘米，长 21 厘米

镇江博物馆藏

1978 年 2 月江苏省溧阳市竹箦公社
中梅大队北宋元祐六年墓出土。
其形象是龟蛇合体，龟伏地作爬行
状，龟背隆凸，蛇盘绕龟体，蛇身
披鳞，龟首上仰与蛇首相对。

黄

黄色（土）：代表中央、象征大地、稳定、皇权。

古人形容正黄色如同蒸熟的板栗，也许正黄色的色相接近现代颜料中的橙黄色。关于『黄』字字源的观点较多，诸如郭沫若认为甲骨文中的『黄』字，本意是用丝绦挂在身上的玉『璜』，也有人认为该字形像蝗虫，谐音引申为『黄』等。

《易经·坤》有言『天玄而地黄』，这句话是已知最早形容土为黄色的文献。土是五行的根本，没有中央之土，四方天地就显得空荡，黄色因为和土的对应关系，成为中央帝王的专用色，也称为中色。

铁黄

琉璃黄

浇黄

柠檬黄

明黄

明黄地缂丝彩云金龙纹吉服袍

清·嘉庆

身长 149 厘米，通袖长 220 厘米，底摆 128 厘米

北京艺术博物馆藏

圆领，大襟，右衽，左右开裾，马蹄袖端。刺绣采取二至三色晕的装饰方法，综合运用平针、套针、戗针、钉线、盘金等多种技法，针脚细密规整，纹饰立体生动。袍服用料上乘，形制规整，做工细致考究，色彩丰富和谐，充分显示出清代织绣技艺的高超水平。

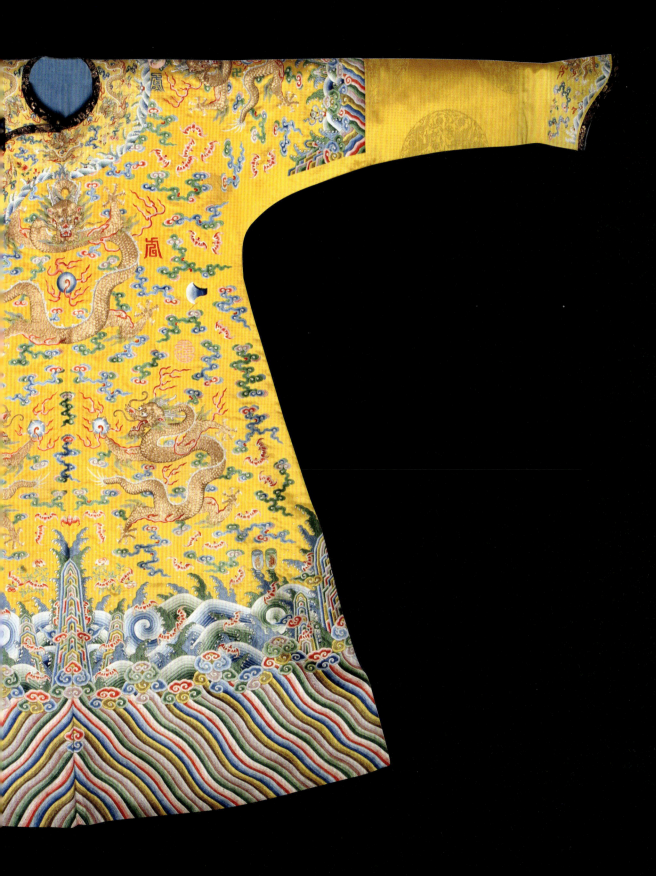

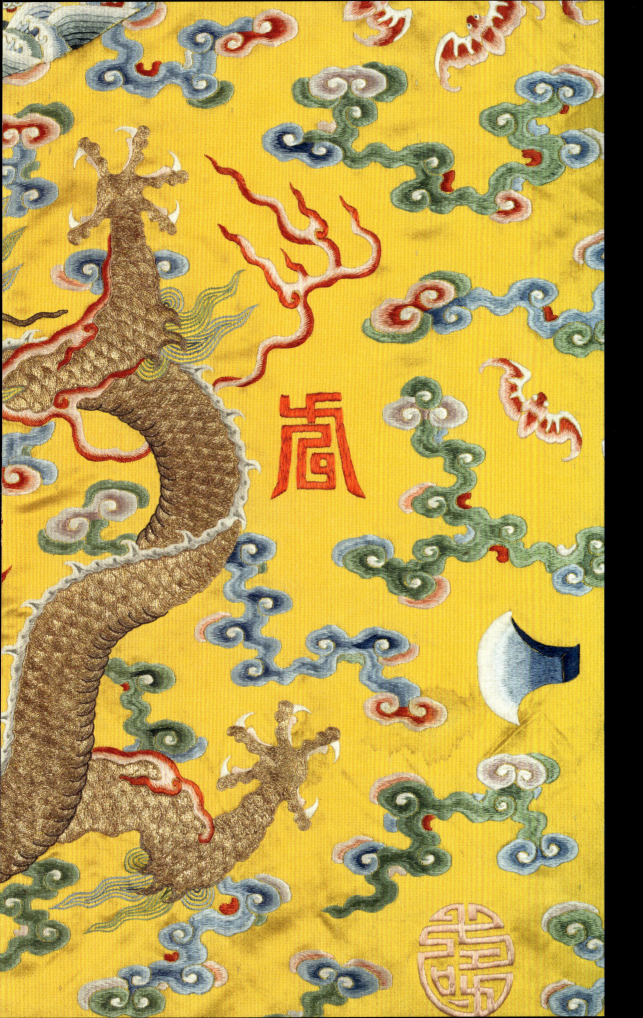

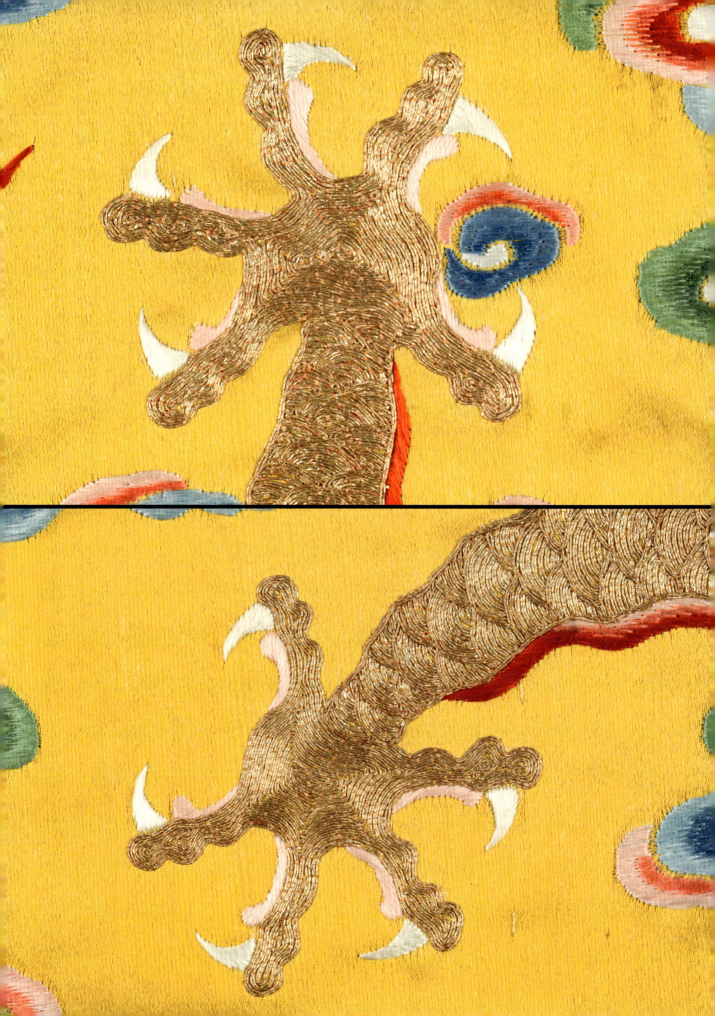

十二章纹是帝王礼服的专用纹饰，是最高权力的象征，亦代表着帝王应该具备的德行：帝王要如日、月、星辰，光照大地；如山，沉着稳重，镇国安邦；如龙，审时度势，应时而变；如华虫，文采昭著，以文德教化天下；如宗彝（祭祀礼器），敬天法祖，具忠孝之美德；如藻，德行高洁，涤荡污秽；如火，兴旺明亮，光明磊落；如粉米，重视农业民生，滋养万民；如黼（斧），裁断是非，果敢决断；如黻，两"己"相背，君臣相济。

① 粉米：即稻米，金色颗粒状纹样。

② 华虫：五彩雉鸡图案。

③ 山：青色的层叠山峰图案。

④ 月：白色圆形，内绣玉兔捣药。

⑤ 黻：由两个"己"字相背组成。

⑥ 藻：绿色水草纹样。

⑦ 火：红色火焰纹，呈升腾状。

⑧ 龙：五彩双龙相对，一升一降。

⑨ 日：红色圆形，内绣三足金乌。

⑩ 星辰：三星相连形。

⑪ 黼：蓝白相间的斧子形状。

⑫ 宗彝：铜杯一对，左为虎彝（虎形），右为蜼彝（长尾猴形）。

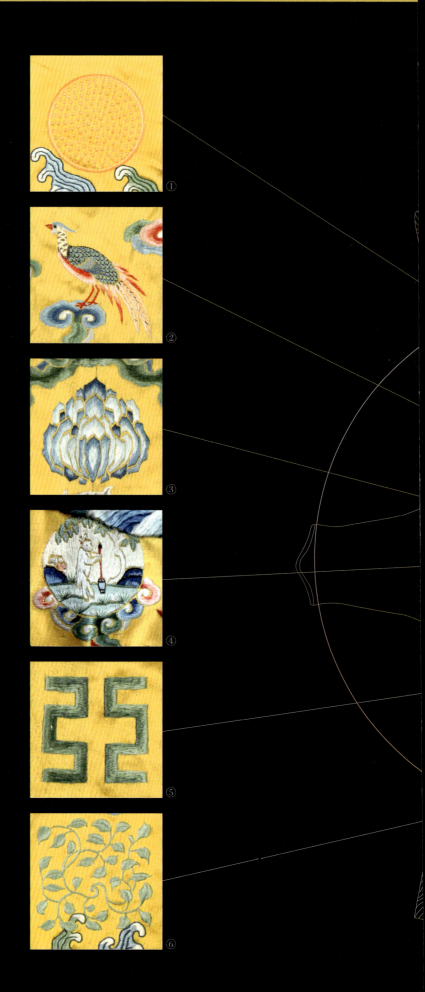

龙纹间绣有五彩流云、红蝠、长寿及团寿等纹样，下摆绣海水江崖纹。

团寿、长寿纹

花卉纹

蝙蝠纹　　　　　　　　五彩流云纹

海水江崖纹

铁黄

唐宋时期的黄釉瓷器大多呈黄褐色，釉面光亮如玻璃，有流淌痕迹，甚至产生了"泪痕"效果。

中国历史上的黄釉主要分为两大体系：一是以铁为呈色剂的铁黄釉，创烧于唐代，此后被宋、元、明、清历代延续烧制，几乎从未间断，是黄釉瓷器中的大宗和主流；二是以锑为呈色剂的锑黄釉，创烧于清雍正御窑。

黄釉盖罐

唐

通高 21.1 厘米，口径 11.5 厘米

天津博物馆藏

唐代是黄釉瓷器的初创期，因制作工艺尚不成熟，此时的黄釉瓷器大多呈黄褐色，而非明艳的正黄色。此盖罐釉色黄中泛红，近底处因釉层堆积较厚而呈黑褐色。虽有诸多工艺上的不足，但唐代制瓷工匠对黄釉瓷器制作工艺的探索与尝试，仍为后世黄釉瓷器的发展奠定了重要基础。

黄釉皮囊壶

辽

通高 30.2 厘米，宽 12.3 厘米

天津博物馆藏

此壶施黄釉不到底，釉色黄中泛红，色泽明亮，积釉处呈黑褐色。皮囊壶是辽代特有的陶瓷品种，仿契丹民族盛水的皮囊而作，具有鲜明的地域和民族特色。

浇黄

浇黄釉瓷器以铁为呈色剂低温烧造，釉面均匀莹润，呈半透明状，釉色纯净如新鲜鸡油，因此也被称为"鸡油黄"，是皇室御用黄釉瓷器的巅峰之作。

柠檬黄

柠檬黄釉是清雍正时期创烧的一种低温黄釉，因其釉色与柠檬的色泽相似而得名。柠檬黄釉使用锑作为主要呈色剂，因此也被称为"锑黄"。又因其原料从西洋进口，在清代文献记载中也被称为"洋黄""西洋黄"。

黄釉盘

明·正德

通高 3.8 厘米，口径 15.5 厘米

北京艺术博物馆藏

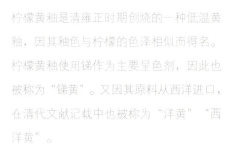

黄釉盖罐

清·嘉庆

通高 24.6 厘米，腹径 16.2 厘米

北京艺术博物馆藏

柠檬黄釉杯

清·雍正

通高 5.7 厘米，口径 9 厘米

北京艺术博物馆藏

071

明黄在中国古代是帝王御用之色。洪武官窑在继承明代以前黄釉瓷器制作工艺的基础上，首次成功烧制出色泽纯正、色调明黄的成熟黄釉瓷器。此后，黄釉瓷器成为明清两代官窑的重要产品，历代均有烧造。因黄色历来是皇家专用色，黄釉瓷器亦专供皇家使用。

黄釉龙纹花口盘

清

通高 1.8 厘米，口径 10.8 厘米

杭州市临平博物馆藏

此盘呈六瓣葵花形，通体施黄釉，釉层通透，釉色明亮。

琉璃黄

琉璃黄是明清两代皇家建筑所用琉璃构件
之色。与鲜艳明亮的明黄或沉闷厚重的土
黄不同，琉璃黄是一种带有暖调的黄色，
它既有金色的辉煌，又有温润的质感，是
皇家建筑的绝佳选择。

黄釉龙纹琉璃瓦当
明
直径 17 厘米
南通博物苑藏

该瓦当是张謇在北京天坛拾得的，其正面呈圆形，
宽缘，背面残存部分瓦背。正面以高浮雕技法堆塑
五爪龙纹，气势威猛。表面施黄釉，釉色纯净明亮。
瓦当，也称"勾头"，指中国古代建筑上覆盖于建
筑檐头筒瓦前端的遮挡，是用来装饰和庇护建筑物
檐头的建筑构件。

黑

黑色（水）：代表北方，象征夜晚、肃穆、深沉。

黑色，像煤或墨的颜色，或指夜空、阴气、暗处等无光无彩的对象，与白相对。文献中有玄、乌、骊、黎、淄、缁、皂、酱、黛等字形容黑色，其中玄多指赤黑的天色，乌指乌鸦羽毛的黑色，骊指黑马的毛色，淄指水色，缁与皂多指纺织品印染的黑色。

关于「黑」字的字源有许多说法，如火熏说、墨刑说、卤说、目说、晦说、面具说等。其中「火熏说」是主流看法，「黑」在商金文中作 ，下部意为燃着火的灶台，上部是方形口的烟囱，中间一些小点像飞扬的灰尘。

漆黑

端石黑

白地黑花

釉黑

釉黑

釉黑指黑釉瓷器的颜色。黑釉瓷器以铁为主要呈色剂，在高温还原气氛中，铁元素转化为氧化亚铁（FeO），从而呈现黑色。

黑釉瓷器的历史可追溯至东汉时期的浙江省德清窑。到了唐代，北方窑口如鲁山窑、巩县窑等开始大量烧制黑釉瓷器，常与花釉、泼彩等工艺相结合。

宋代斗茶文化盛行，焚香、点茶、插花、挂画被称为宋代文人生活的"四般闲事"。由于黑釉最能衬托茶沫的白色，黑釉瓷器在这一时期发展到顶峰，福建省的建窑和江西省的吉州窑是当时生产黑釉茶盏的著名窑口。元明清时期，黑釉瓷器逐渐转向民间，成为日常用器。

黑釉双耳瓶
宋
通高 18 厘米
天津博物馆藏

该瓶内外均施黑釉，釉色漆黑光亮，高温下釉层自然垂流，釉薄处呈深褐色。

建窑黑釉兔毫盏

宋

通高 4.3 厘米，口径 12.5 厘米

天津博物馆藏

此盏施黑釉，釉面布满细长如兔毛的金黄色或银白色条纹，俗称"兔毫"。这是由于建窑黑釉中含有大量的铁元素，在高温烧造过程中，铁质从釉层表面析出并向下流动形成条纹。

盏色贵青黑，玉毫条达者为上。

——宋徽宗《大观茶论》

茶色白，宜黑盏。建安所造者绀黑，纹如兔毫，其坯微厚，燺之久热难冷，最为要用。出他处者，或薄，或色紫，不及也。

——蔡襄《茶录》

吉州窑剪纸贴花黑釉盏

宋

通高 6 厘米，口径 11 厘米

天津博物馆藏

此茶盏内壁以兔毫纹为地，装饰三组剪纸贴花纹饰，外壁在黑釉上饰以黄褐色斑点。将民间剪纸贴花艺术运用到瓷器装饰上是吉州窑制瓷工匠的创举。

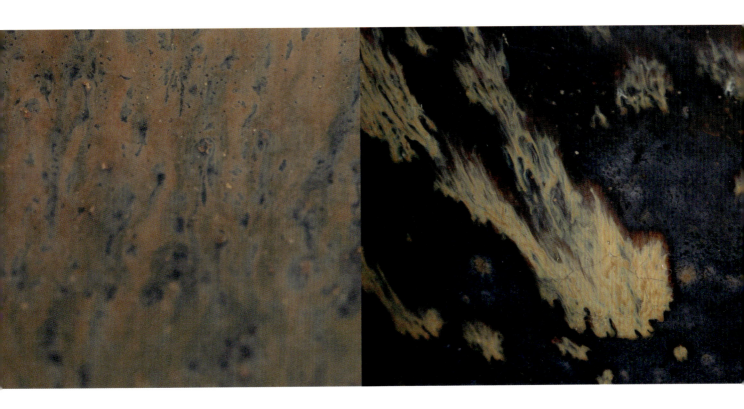

白地黑花

白地黑花是磁州窑最具代表性的装饰技法之一。其具体做法是先在瓷器胎体上施一层白色化妆土，然后以黑色彩料在化妆土上绘制纹饰，最后施透明釉入窑烧制。用笔简练，风格写意，黑白对比强烈，具有中国传统水墨画的效果。

白地黑花龙凤纹罐
元
通高 34 厘米，腹径 39 厘米
天津博物馆藏

此罐采用白地黑花与划花相结合的装饰技法，以黑色彩料绘龙纹，以划花勾勒细节。

端石开采于唐，宋代已为世人所重视，其特点是石质细、易发墨、墨汁细稠而不滞、不易干涸。端石颜色以深紫色为主，混合青、褐、绿等多种色调。老坑石多呈猪肝色深紫，表面带有灰色或白色的细纹，夹杂红褐色斑块；麻子坑石则偏暗绿色。这些色彩来源于岩石中的绢云母、赤铁矿等矿物质，经过数亿年地质运动形成深浅过渡的自然纹理。不同坑口的砚石颜色差异明显，但都呈现出沉稳厚重的质感，既保留岩石的天然肌理，又兼具传统文房器具的雅致气息，在中国四大名砚中极具辨识度。

雪堂砚

宋

长 24 厘米，宽 9 厘米，高 5 厘米

杭州市临平博物馆藏

该抄手端砚，质地细腻。平面呈长方形，砚面有浅凹的墨池，砚底刻有篆书"雪堂"二字，砚之左右两侧分别刻有"元祐六年十月二十日，余自金陵归蜀道中，见渔者携一砚售人，余异而询之""□□得于海滨，余以五百缗置之，石质温润可爱，付迈以为书室之助"。

天位至

天位

一位

其八人

其泉流

五十三人

湖廣九人

之湖后

拱逢拱逢

起立不坐人

廿八人至大小西

研坑庙

洞巳

庙尾

楳

花

椿

大水湖

拱逢

黄洞

洞西大

摩石骨洞

石东

门楼仔洞

仔洞

天后庙

端溪砚坑图端砚

清

长12.9厘米，宽12.3厘米，厚2厘米

天津博物馆藏

此砚端石材质，砚背雕刻端溪砚坑图，并标注各坑
口位置名称。

乾隆款端石雕螭龙纹描金印盒

清·乾隆

通高 3 厘米，口径 6.5 厘米

天津博物馆藏

印盒端石材质，色泽乌黑。表面描金，金线流畅华美，与墨色
石材相映生辉，彰显出雍容华贵的皇家气度。

漆黑

生漆是从漆树割取的天然液汁，干燥后呈深黑色。汉语中「漆黑」一词的本义即指漆器特有的黑色，后逐渐演变为形容极深黑色的通用词汇。

以螺钿镶嵌构成庭

出五彩斑斓的光泽，

赤

赤色（火）：代表南方、象征热情、光明、温暖。

赤常常用于形容太阳的颜色，太阳别名赤日。阳光富于变化，因此还有红日、黄日、白日等说法，可见太阳的光色也不能成为甄别赤色的标准。赤色可以理解为现代色相中的大红。「赤」的甲骨文由上下两个部件构成，上部为「大」，下部为「火」。大火的颜色与红色比较接近，古人选取了它来表示「赤」这种颜色。

赤的同义词是朱。周代的文献中，朱与赤同时出现时，区别往往在于染色的次数与浓度。在特定的语境中，赤的常用同义词还有丹、绛、绯、红等。丹与赤并列出现时，丹指颜料，赤指色相。

漆红　朱砂红　玛瑙红　珊瑚红　祭红　豇豆红

豇豆红

豇豆红釉太白尊

清·康熙

通高 8.8 厘米，底径 12.5 厘米

天津博物馆藏

豇豆红釉是一种以铜为呈色剂的高温铜红釉，创烧于清康熙时期，是清代高温铜红釉中的名贵品种。因其釉色呈深浅变化的红色，有时夹杂少许绿色苔点，恰似豇豆色泽，故名"豇豆红"。清人曾作诗赞誉其釉色"绿如春水初生日，红似朝霞欲上时"。

祭红釉以铜为着色剂，是高温铜红釉的一个品种，因祭红釉瓷器颜色深沉庄重，常用于祭祀场合而得名。此外，还有"霁红""积红"等别称。高温铜红釉对烧制温度的要求极为严苛，稍有偏差便无法呈现出纯正的红色。因红釉瓷器烧制难度大、成品率低，民间素有"要想穷，就烧红"之说。纯红釉瓷器首创于明洪武官窑。永乐时期红釉进一步发展，有"鲜红"之美誉。宣德红釉则代表了明代红釉的最高水平，被称为"宝石红"，对后世红釉瓷器的发展产生了深远影响。明中宣德之后，红釉瓷器产量锐减，期以后高温铜红釉烧造技术一度失传，直到清康熙时才得到恢复。康熙时期的高温铜红釉品种主要有祭红釉、郎窑红釉、豇豆红釉三种，各具特色。

祭红釉直口瓷胆瓶

清·雍正

通高 19.8 厘米

镇江博物馆藏

祭红釉玉壶春瓶

清·道光

高 29.5 厘米，腹径 19 厘米

天津博物馆藏

祭红釉梅瓶

清·乾隆

高 23 厘米，腹径 13.5 厘米

天津博物馆藏

珊瑚红

珊瑚是由海中珊瑚虫分泌出的石灰质骨骼堆积而形成的，属于有机宝石，有红、白两种颜色，以红色者居多。

珊瑚红釉是一种以铁为着色剂的低温红釉，因其釉色均匀红艳，酷似天然珊瑚之色，故名"珊瑚红"。作为一种低温颜色釉，珊瑚红釉具有呈色稳定、易烧造的优点，其制作工艺是在烧制好的白瓷上施釉，再入窑经低温二次烧成。

镂雕珊瑚珠

清

长 36 厘米，直径各 0.8 厘米

天津博物馆藏

清代二品官员的官帽顶戴便以珊瑚制作而成，用以彰显其尊贵身份。该串珠由 30 颗红色镂雕珊瑚珠组成，制作精美，色彩华贵。

珊瑚红釉笔洗

清

高 3 厘米，长 11 厘米，宽 7.3 厘米

南通博物苑藏

玛瑙红

玛瑙红是一种带暖调的红色，同时
具有玛瑙特有的半透明质感。这种
红色在玛瑙的天然纹路中呈现出宝
石般的透亮光泽，同时保持着温润
含蓄的视觉效果。当光线穿过玛瑙
内部时，红色会随着矿物结构产生
深浅变化，形成独特的层次感。

灵芝形红玛瑙洗

明

高 2.4 厘米，宽 7.2 厘米

天津博物馆藏

此洗以整块玛瑙随形雕琢成灵芝形，通体呈现温润的红色光泽，轮
廓与线条的雕刻圆转娴熟，刀法曲直深浅变化，气象生动俊逸。

朱砂红

朱砂是一种色泽鲜艳、质地细腻的矿物，其红色纯正，介于浅红与暗红之间。在质感上，朱砂红细腻温润，光泽柔和。

乾隆丁巳朱墨

清·乾隆
长 11.4 厘米，宽 4.3 厘米，厚 1.5 厘米
天津博物馆藏

朱墨在古代主要用于批红，即皇帝对奏章文书的批示，是皇权的象征。此墨以朱砂为原料，质地细腻，色泽鲜艳。

漆红是一种深沉浓郁的暗红色，由生漆与朱砂融合而成。生漆本身呈深棕色，而朱砂则是一种天然的红色矿物，匠人首先将朱砂研磨成极细的粉末，然后与生漆按比例调和，朱砂的红色浓郁而稳定，能够与生漆完美融合，形成一种独特的朱红色。朱漆制品的制作过程十分讲究，需要经过多次涂抹和打磨，直到漆面达到理想的光泽和质感。随着时间的推移，朱漆的红色也会在氧化作用下变得更加深沉和典雅。

雕漆牡丹纹圆盒

清
通高 7.9 厘米，口径 15 厘米
天津博物馆藏

漆雕工艺创始于唐代，盛于明清。此盒通体雕有盛放的牡丹纹，层次繁多，颜色纯正鲜艳。

白

白色（金）：代表西方，象征无瑕、明亮、纯洁。

白色在五色中是基础色，有了白色，其他颜色才能成立。在色彩学上，白与黑相对，为两个极端，黑表现为光消失的极致，吞没一切色彩。而白则反之，它是光存在的极致，释放一切色彩。

关于"白"的字源观点很丰富，有人认为"白"字像鼻子，鼻子会呼出白气；有人认为"白"若拇指之状，拇指为手首位而为"伯"，"伯"与白相通；也有人认为"白"像火焰燃烧的形象，意为光明等。

❀ 玉白

❀ 中国白

❀ 青白

❀ 磁州窑白

❀ 定窑白

❀ 邢窑白

定窑白

定窑白瓷代表了宋代白瓷的最高水平，是继唐代邢窑之后北方白瓷的又一杰出代表。金人刘祁《归潜志》载先人联句云："定州花瓷瓯，颜色天下白。"定窑为宋代五大名窑之一，以生产白瓷闻名。定窑创烧于唐代，盛于宋金，衰落于元代。

定窑白釉刻划萱草纹玉壶春瓶
宋
通高16厘米
天津博物馆藏

玉壶春瓶是古代瓷器中的常见瓶型，多用作陈设器，因诗句"玉壶先春"而得名。清代陈浏《陶雅》记载："状似美人肩，而项短、腹大、口颇侈者，曰玉壶春。"

邢窑白

邢窑白瓷代表了唐代白瓷的最高水平，其胎土洁白细腻，釉色纯白光润，在陆羽《茶经》中有"类银似雪"之美誉。邢窑以生产高质量白瓷著称，与浙江主产青瓷的越窑共同构成了唐代"南青北白"的制瓷业格局。唐代后期，邢窑逐渐衰落，并被随后兴起的定窑所取代。

邢窑白釉碗
唐
通高5.4厘米，口径15.5厘米
天津博物馆藏

此碗造型规整，釉色纯净洁白，是邢窑的典型器。

磁州窑白釉剔花兔纹枕

北宋

前高 8.8 厘米，后高 12.8 厘米，长 31.9 厘米，宽 23.5 厘米

天津博物馆藏

此枕以白釉剔花装饰，开光内饰为白釉剔花的卧兔纹，兔前后各留有白釉的一丛小草纹，兔周围白釉完全剔去。通过寥寥几条刻线，将小兔子吃草时警觉周围动静的神态刻画出来。

白釉行炉

宋

通高 15.8 厘米

天津博物馆藏

"行香"是一种佛教仪式，即手持香炉围着佛像绕行，行香过程中手持的香炉，即为行炉。清代顾张思《土风录》记载："僧道法事有行香……初以香末散行为行香，唐以后则斋主持香炉巡行坛中及街市，至今皆然。"

磁州窑白

白釉剔花工艺是磁州窑最具特色的装饰技法之一，其具体工艺是先在深灰色瓷胎上施一层白色化妆土，再剔除化妆土，露出深灰色瓷胎，最后罩上一层透明釉后入窑烧制，烧成后瓷胎与化妆土一灰一白，对比鲜明，纹饰也更加突出醒目。

青白色是中国瓷器的经典釉色，首创于宋代景德镇湖田窑，明清时期延续烧造。其颜色介于青白二色之间，具有青中泛白、白中闪青的独特色彩效果，釉色莹润细腻。

白釉瓷爵

清·乾隆

通高 18 厘米

镇江博物馆藏

此爵仿三代青铜器样式，造型古朴，应为皇家祭祀用的礼器。器身白釉匀净滋润。

中国白

德化白瓷代表了明清两代白瓷的最高水平，素有"中国白"之美誉。其釉质光润如白玉，釉色乳白如凝脂，因而也被称为"猪油白""象牙白"等。德化窑以烧制白瓷著称，尤以瓷雕塑像见长，是继唐代邢窑、宋代定窑之后的又一白瓷名窑。

白瓷观音像

清

通高 10.5 厘米，宽 10.3 厘米

镇江博物馆藏

雕像通体施白釉，釉面莹亮温润，釉色白中闪黄，有通透的玉质感。

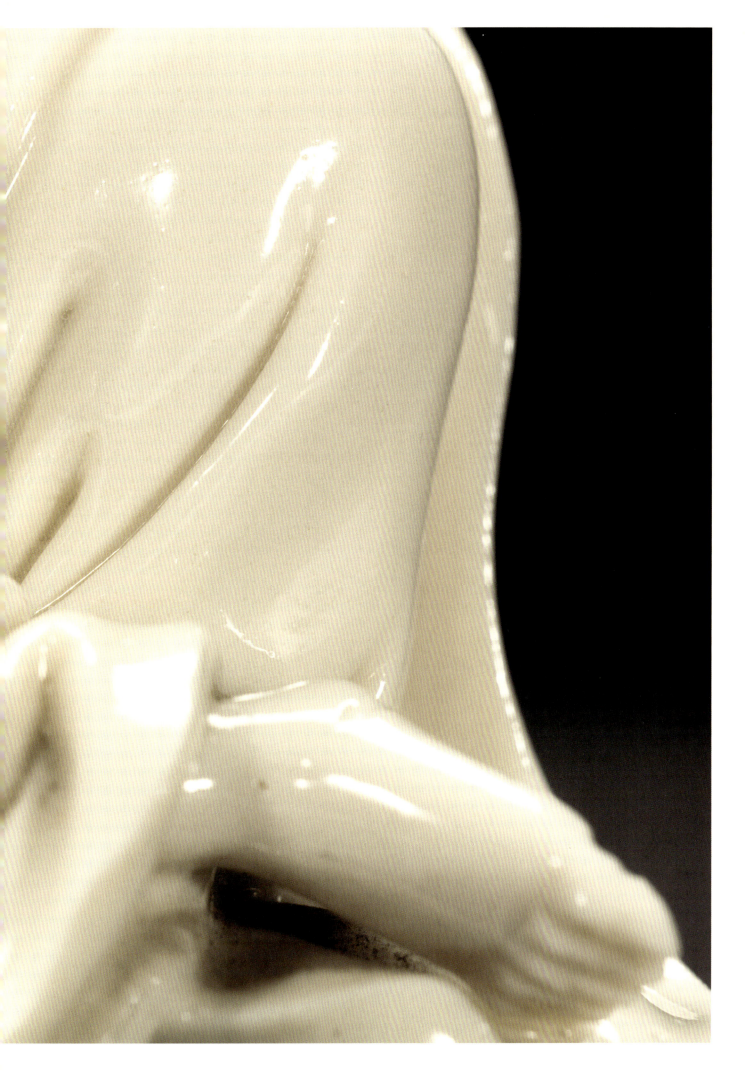

德化窑白釉花觚

明

通高 22.8 厘米，口径 13.3 厘米

天津博物馆藏

该花觚通体施白釉。此种尺寸较大
的花觚应是祭神或祭祖供器，配合
香炉使用，亦可作为书房陈设器。

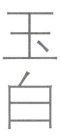

白玉道人插牌

明

高 12.7 厘米，宽 6.9 厘米

天津博物馆藏

插牌，也称插屏，可插于木座或玉
座上，作为书桌、案头的摆设。此
插牌白玉质地，玉质温润细腻，色
泽洁白如脂。

青

青色（木）：代表东方，象征生长、生命力。

青，在色相上可以理解为蓝色，有时指含有绿色成分的蓝色。蓝原指蓝草，不指颜色，不过蓝草是制作青色的原料，青出于蓝而胜于蓝，古人形容青色如沐浴蓝草汁的效果。汉代以后，蓝成了青的俗词。

青色是一个色相上暧昧的颜色，青瓷的「青」、青花的「青」、青丝的「青」等，在色相上与文化含义上都有着不同的内涵。

梅子青

天青

青花

群青

洒蓝

祭蓝

梅子青

梅子青是中国古代青瓷的一种经典釉色，起源于南宋时期的龙泉窑。其颜色青中泛绿，类似未成熟青梅的色泽，故得名。

龙泉窑青釉刻花方格锦纹橄榄瓶

明

通高 21.5 厘米，腹径 11 厘米

天津博物馆藏

龙泉窑青釉双鱼洗

宋

通高 4 厘米，口径 13.9 厘米

杭州市临平博物馆藏

与南宋时期相比，明代龙泉窑釉色大多青中泛灰或泛黄，釉面也不再有温润的玉质感，反而变得更加透亮。该瓶胎体厚重，釉色青中泛黄，具有明显的明代特征。

天青

天青色是汝窑最具代表性的瓷器釉色，其色泽介于青与蓝之间。这种独特的釉色，恰似雨后初晴时天空呈现的那种清澈、柔和的青蓝色，有"雨过天青云破处"的诗意之美，因而得名"天青"，是明清两代官窑竞相模仿的对象。

天青釉八方贯耳瓶

清·乾隆

通高 14.2 厘米

天津博物馆藏

此瓶仿汝窑釉色。

青花

蓝色是青花瓷的主色调，由于青花瓷以钴料作呈色剂，钴料的产地差异赋予了青花瓷变幻万千的蓝调。元青花采用来自西亚的"苏麻离青"，如波斯蓝宝石般深蓝浓艳；明永乐至宣德时期，郑和七下西洋，"苏麻离青"再度跨海而来，其发色较之元青花更加深沉凝重；明成化时期，青花采用国产"平等青"，清新淡雅；明嘉靖时期，青花独创"回青"与"石子青"的二元配方，蓝中泛紫；清康熙时期，青花采用云南"珠明料"，青花蓝调竟能呈现出五重色阶，成就了康熙青花"墨分五色"的山水意境。

青花云龙纹盘

明·嘉靖

通高 2 厘米，口径 16.3 厘米

天津博物馆藏

群青

青金石是一种珍贵的深蓝色宝石，清代四品官员的官帽顶戴便以青金石制作而成，以彰显其尊贵身份。此外，青金石也是天然蓝色矿物颜料的主要来源，以青金石研磨而成的颜料有一个特殊名称——群青。

群青作为最古老的蓝色矿物颜料之一，具有化学性质稳定、久不褪色的特点，因而被广泛用于壁画与彩塑的绘制。敦煌莫高窟、天水麦积山石窟的壁画、彩塑等都大量使用青金石作为颜料，其色彩历经千年仍鲜艳如初。

青金石云纹三足炉

清

高7.5厘米，腹径11厘米

天津博物馆藏

洒蓝

洒蓝釉以氧化钴为呈色剂，通过吹釉法将蓝釉吹
在白色瓷器表面，烧成后在白色釉面上形成犹如
雨点洒落般的深蓝色斑点，故称"洒蓝"。
洒蓝釉首创于明宣德时期，明代洒蓝釉器物较少，
清康熙时期得到发展，质量和产量均有提高。

古瓷尚青，凡绿也、蓝也，皆以青括之。
　　　　　　　——许之衡《饮流斋说瓷》

洒蓝釉觚
清·康熙
通高 45.5 厘米，口径 22.5 厘米
天津博物馆藏

祭蓝

祭蓝釉是一种以氧化钴为呈色剂的高温单色釉，特点是釉色深沉匀净，呈色较稳定，常用于宫廷祭祀瓷器之上，故名「祭蓝」。此外，还有「霁青」「霁蓝」「宝石蓝」等称呼，不一而足。祭蓝釉产生于元代，明清时期继续盛行，是我国古代经典的瓷器釉色之一。

祭蓝釉双兽耳瓷瓶

清·雍正

通高 24.7 厘米

镇江博物馆藏

瓶外壁满施祭蓝釉，釉色纯净如蓝宝石，深沉庄重。

祭蓝釉锥式瓶

清·乾隆

通高 50 厘米，口径 5.1 厘米

天津博物馆藏

125

五彩彰施

中国传统文化中，正色与间色的组合遵从了秩序和变化相统一的理念。正色作为主导，代表着规则和权威；而间色则为这种严格的规定增添了柔和与变化，二者共同构成了丰富多彩而又不失秩序的中国传统色彩世界。

正色和间色的使用在中国传统文化里也并非一成不变的身份认定，它们更多地表现为一种系统化的建构观念，色彩之间的组合搭配、色彩工艺的进步、色彩观念的变化，形成了色彩文化的丰富内涵。

五色之变

在中国传统色彩理论中，正色被赋予尊贵地位，间色则是
由两种正色混合而成的颜色，比如青、黄混合成为绿色，赤、
青混合成为紫色等，因其在色相上属于不纯之色，因而被
称为间色。间色的魅力，在于其种类的多样性和使用的自
由性。正如《孙子兵法·势篇》所言："色不过五，五色之变，
不可胜观也。" 以五种正色为基础，可以调配得到数不胜
数的各种间色。而间色的存在，极大地丰富了传统色彩的
种类。

间色虽然不像正色那样拥有对应的五行、方位属性和社会
等级象征，但它们同样在社会各个层面扮演着重要角色。
间色与五方正色相伴存在、相互配合，共同构成了完整的
中国传统色彩体系。与五正色相对应的，间色当中也有五
种特殊的颜色，被称为"五间色"，通常指绿、红、碧、紫、
骝黄五色。

绿

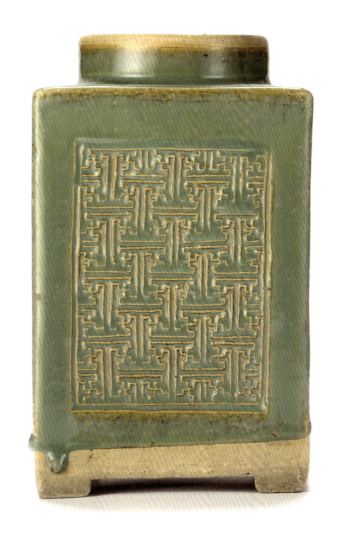

绿釉万寿纹琮式瓶
清
通高 37.8 厘米，宽 24.6 厘米
杭州市临平博物馆藏

绿釉六角形带盖瓷灯盏

清

通高 16.5 厘米，宽 17.7 厘米

杭州市临平博物馆藏

嵌绿松石鎏金银发簪
明
通长 12.2 厘米，粗 0.3 厘米
杭州市临平博物馆藏

骊黄色（或称流黄），是
黄色与黑色混合而成的一
种暗黄色，这种颜色在历
史上并不像其他几种间色
那样常见，可以看作是黄
黑两者之间的过渡色。

骊黄

匏制蝈蝈罐
清
通高 18 厘米，口径 7.6 厘米
天津博物馆藏

匏即葫芦。此罐以葫芦制成，
玳瑁钮，口沿用象牙包边，罐
身饰以山水画。

该笔筒仿竹节造型，颇具巧思。内壁施松石绿釉，清新淡雅。外壁施黄釉，并以釉上酱彩绘竹疤，生动逼真。

仿竹釉笔筒

清·乾隆

通高 8.7 厘米

北京艺术博物馆藏

该鼻烟壶为蜜蜡材质，颜色黄中透红，有莹亮的玉质感。蜜蜡是琥珀的一种，指不透明或半透明的琥珀，属于有机宝石。

蜜蜡雕螭龙纹鼻烟壶

清

通高 6.3 厘米，腹宽 4.5 厘米

天津博物馆藏

碧

碧色是一种浅蓝色，由青色与白色混合而成，常用来形容清澈的水或天空。

炉钧釉琮式瓶

清·乾隆
高 5.3 厘米，宽 2.5 厘米
天津博物馆藏

此瓶仿玉琮造型，通体施炉钧釉，釉面蓝白相间，色彩斑驳。

炉钧釉是清雍正时期景德镇御窑厂仿钧窑而创烧的低温窑变釉新品种，主要以流淌的蓝釉形成自然的垂流条纹，其间密布青色或红色斑点。乾隆朝的炉钧釉以蓝、绿、月白色釉面为主，釉面流淌小，以蓝色釉点多见。

钧窑为宋代五大名窑之一，其产品以天蓝釉者居多，部分饰有红色或紫红色斑块，少有通体玫瑰紫和海棠红的器物。钧窑对瓷器釉色的贡献在于首次烧制出铜红釉，虽然当时的铜红釉工艺还不成熟，只能作为局部装饰使用，但钧窑对铜红釉的开创性运用，为后世的祭红、豇豆红等纯红釉名品的诞生奠定了技术基础。

钧窑玫瑰紫釉葵花式三足洗
宋
通高 6.5 厘米，口径 22.2 厘米
天津博物馆藏

紫

紫色主要由赤色与青色混合而成，被视为尊贵、神秘的颜色，因其原料稀有珍贵而备受喜爱。

外底涂酱色护胎釉。

此洗呈六瓣葵花式，内施天蓝色釉，釉面有"蚯蚓走泥纹"；外壁施玫瑰紫色釉，釉汁肥厚，色彩绚丽。

仿钧釉花盆及盆托

清·雍正
盆高 6.2 厘米，口径 12.9 厘米
托高 3.3 厘米，口径 13 厘米
北京艺术博物馆藏

该花盆内壁施天蓝色釉，外壁施窑变釉。在高温烧制过程中，外壁釉层自然流淌，形成蓝、紫两种釉色相互交融、变幻莫测的独特效果，釉面光泽莹润，色彩过渡自然流畅，宛若天成。

红

间色系统中的红色并不是指正红色，而是在由赤色与白色混合形成的色相上呈粉红色或其他淡色调的红色。

粉彩荷花盖碗

清·光绪
通高 8.9 厘米，口径 11.6 厘米
天津博物馆藏

该盖碗外壁以粉彩绘制莲花纹饰，莲花形象栩栩如生，釉色粉嫩细腻。

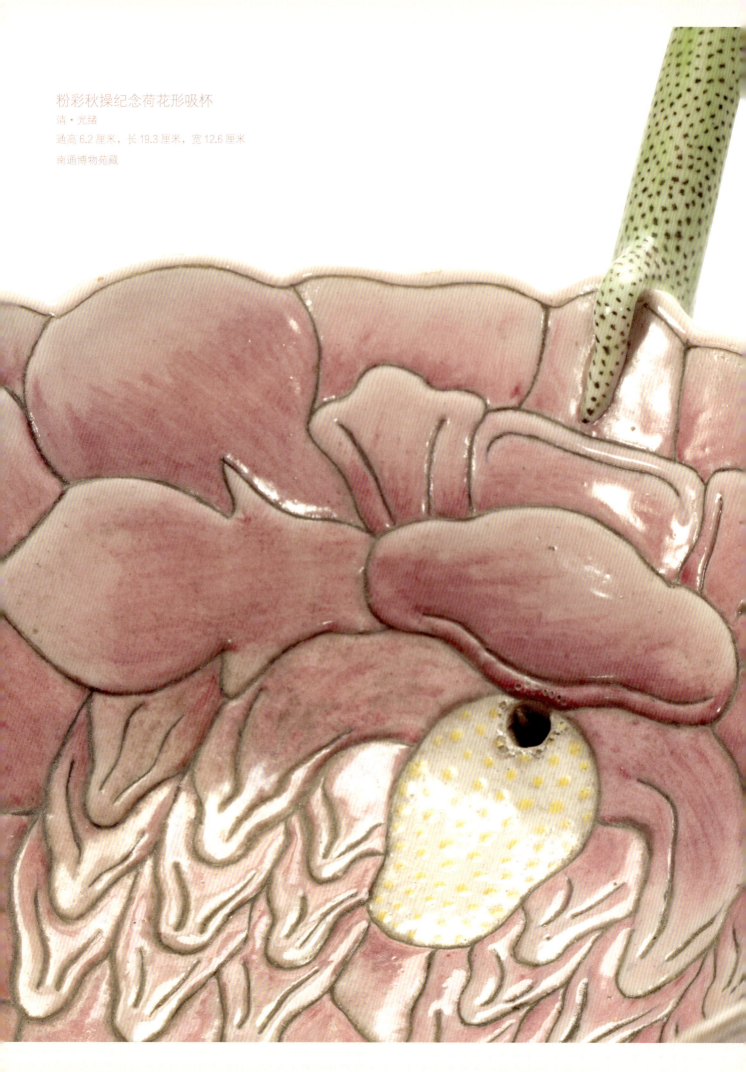

粉彩秋操纪念荷花形吸杯
清·光绪
通高 6.2 厘米，长 19.3 厘米，宽 12.6 厘米
南通博物苑藏

荷梗上竖写墨字："大清光绪三十四年安徽太湖附近秋操记念杯。"

"秋操杯"是光绪年间为纪念清军秋季操练而特制的纪念杯。此杯仿荷花造型，以花瓣作器身，中空花梗既作杯柄又可充当吸管，设计巧妙。

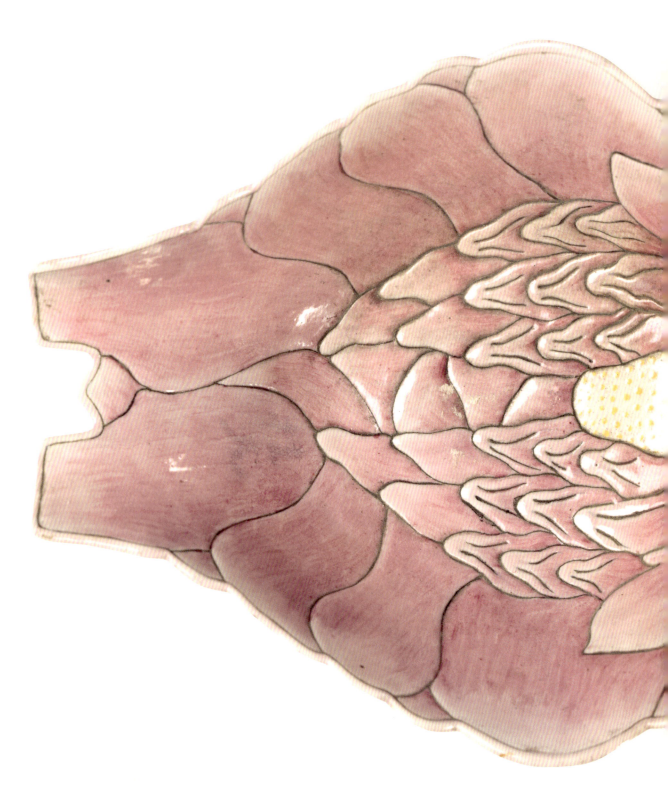

器表以粉彩饰花瓣，淡绿釉饰花梗，釉
色娇嫩可爱。

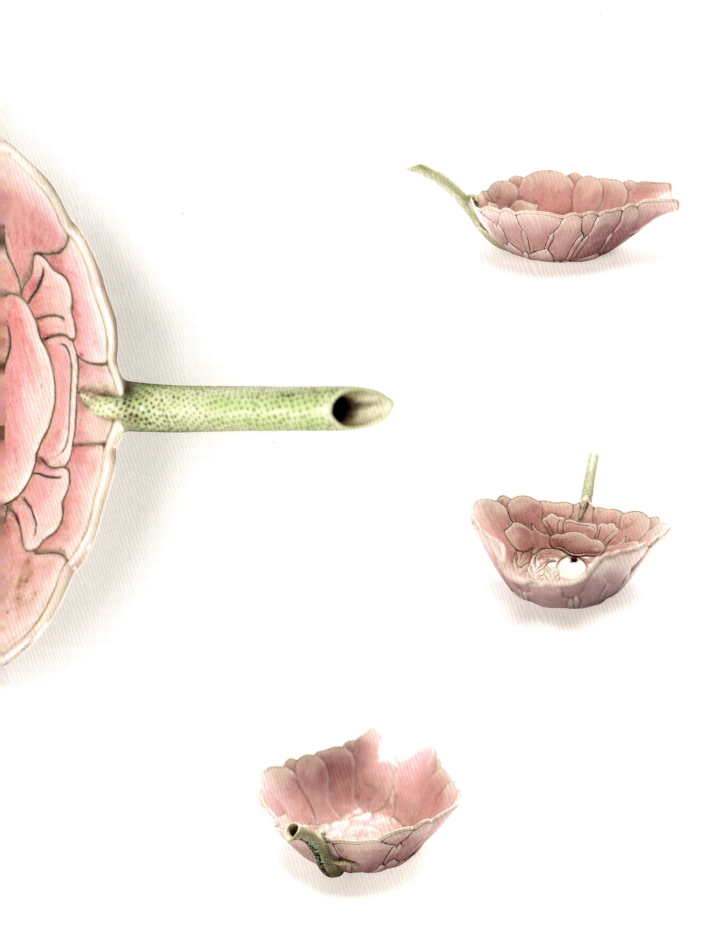

粉彩莲瓣形碗

清·同治
通高 7 厘米，口径 14.5 厘米
镇江博物馆藏

整体来看，此碗不仅在造型上模仿莲花的自然形态，而且在色彩运用上也力求逼真，将莲花的清新雅致之美巧妙地移植到陶瓷器上，展现了工匠高超的技艺和对自然美的深刻理解。

此碗为多重莲瓣立体造型。
碗内壁及外底施松石绿釉，外壁以胭脂红彩点染花头，色泽娇艳欲滴，并以细线勾勒莲瓣脉络。莲瓣间则以淡绿色釉点缀，生动还原了莲花的自然神韵。

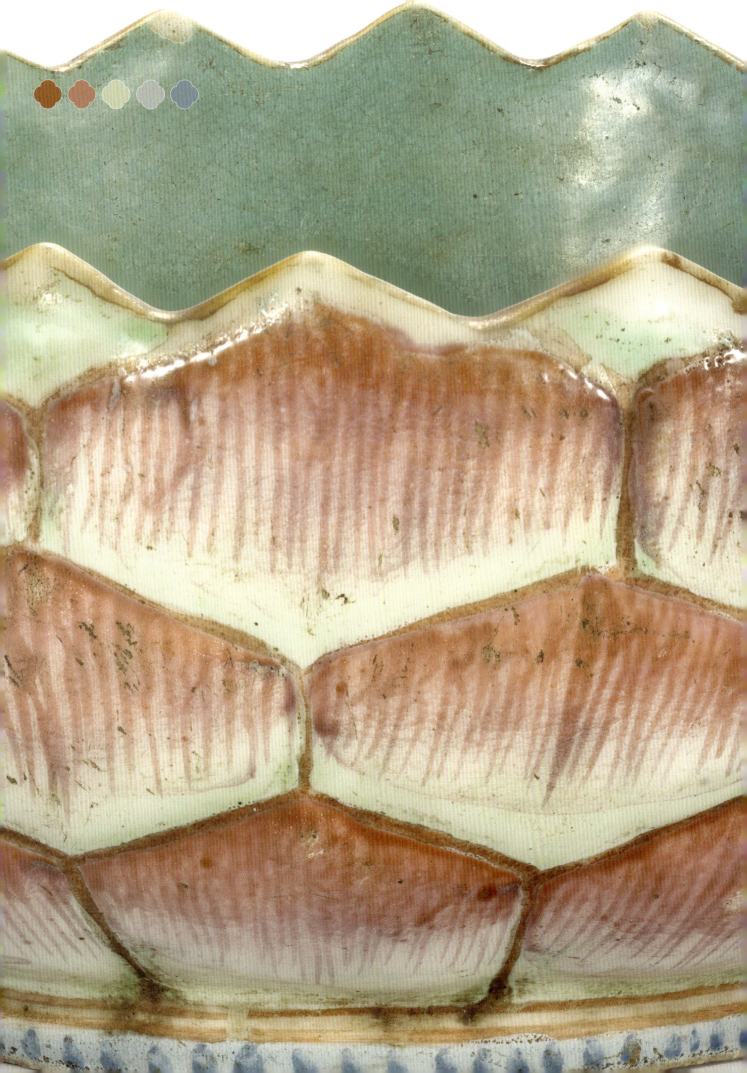

不可胜观

因种类的丰富性和使用的灵活性，间色在中国古人的生活生产与艺术创作中迸发出惊人的创造力，为严肃的正五色体系增添了活力。从宫廷到市井，从礼器到常服，正色、间色以其无限的搭配可能性，显示出了中国传统色彩特有的表现力和深厚的文化意蕴。

宋子曰："霄汉之间，云霞异色，阊浮之内，花叶殊形。天垂象而圣人则之，以五彩彰施于五色，有虞氏岂无所用其心哉？飞禽众而凤则丹，走兽盈而麟则碧。夫林林青衣，望阙而拜黄朱也，其义亦犹是矣。君子曰：'甘受和，白受采。'世间丝、麻、裘、褐皆具素质，而使殊颜异色得以尚焉。谓造物不劳心者，吾不信也。"

——宋应星《天工开物·彰施》

蓝地绣花金线龙袍

清

通长 121 厘米，下摆宽 39 厘米

天津博物馆藏

袍立领，右衽，马蹄袖端，裾四开。龙袍面料为深蓝色，前后两面以金色丝线绣金龙九条，与蓝色面料形成鲜明对比，间饰五彩丝线绣成的佛教八宝、道教八宝、团寿、长寿和云、蝠等图案，富有层次感，繁复而不杂乱，下摆的八宝立水纹以晕色法织就，呈现出流动的效果。

佛教八宝指的是佛教的八种法器，即法轮、法螺、宝伞、白盖、莲花、
宝瓶（罐）、金鱼（双鱼）、盘长（吉祥结），亦称"吉祥八宝"或"八
吉祥"或"八瑞相"。

道教八宝指神话传说中"八仙"所用法器，分别是葫芦（铁拐李）、扇子（汉钟离）、花篮（蓝采和）、渔鼓（张果老）、荷花（何仙姑）、宝剑（吕洞宾）、洞箫（韩湘子）和玉板（曹国舅），传说这些宝物法力无边，可逢凶化吉，又称"暗八仙"。

红缎太平有象椅披

清

椅披长 164 厘米，宽 51 厘米

天津博物馆藏

红缎太平有象桌围
清
桌围长 97 厘米，宽 95 厘米
天津博物馆藏

太平有象即天下太平、风调雨顺的意思。"瓶"
与"平"同音，故吉祥纹饰常作象驮宝瓶。象寿
命悠长，被看作瑞兽，也比喻美好景象。这套桌围、
椅披的主纹饰均为象驮宝瓶，辅以祥云、蝙蝠、鹤、
鹿、麒麟、磬等多种吉祥纹饰，搭配红缎质地与
精细绣工，一派喜庆祥和的景象。

钧红釉贯耳瓶

清·乾隆

通高 30.6 厘米

南通博物苑藏

此瓶通体施窑变釉，釉质肥润凝厚、自然垂流，瓶身主体红色灿若晚霞，釉层里闪现出深浅不同的蓝色线条，与红釉相互浸润，色彩斑驳瑰丽，美不胜收。

窑变釉是清代雍正时期景德镇御窑厂仿钧窑而创烧的一种高温颜色釉，因其釉色富于变化，有"入窑一色，出窑万彩"之说，故名"窑变"。

其具体工艺是通过两次或多次上釉的方法，将各种不同颜色的釉融为一体，烧成后各种釉色相互交织，呈现出缤纷的色彩。

釉里三色云纹钵形三足炉

清·康熙
通高 13.2 厘米，腹径 25.7 厘米
天津博物馆藏

此钵内施青白釉，口部施浆白釉。钵外绘青花、釉里红、豆青釉下三彩"壬"字形云纹，互为交错。

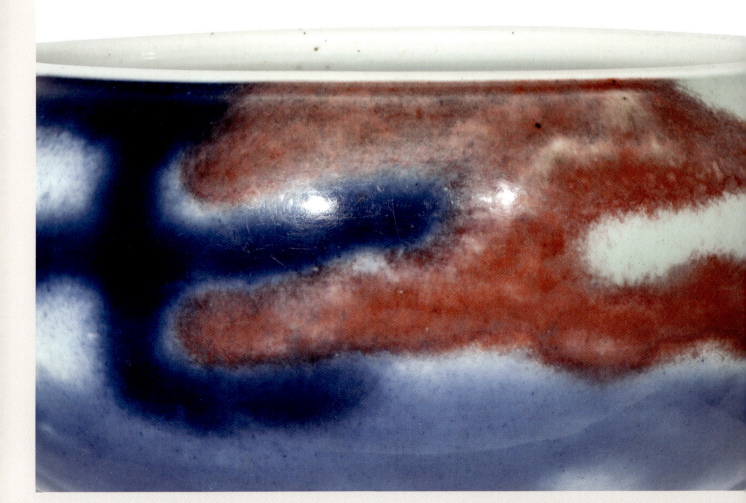

黄地红彩百蝠纹盘

清·同治

通高 5.1 厘米，口径 22.3 厘米

北京艺术博物馆藏

盘内为黄地红彩蝙蝠纹，外壁为白地粉彩折枝西番莲、莲花、
牡丹纹三朵，口沿涂金彩。由于"蝠"与"福"同音，因此
清代瓷器多以红色蝙蝠纹寓意"洪福齐天"。

"一路连科"竹形笔筒

清
通高 27 厘米，口径 12 厘米
杭州市临平博物馆藏

该笔筒仿竹节造型。外壁施黄釉为
地，堆塑白鹭、莲花、芦苇等纹饰。

这种纹饰组合通常被称为"一路连科"（一鹭莲科），寓意科举及第、仕途顺利。

绞胎三足盘

唐

通高 2.2 厘米，口径 13 厘米

天津博物馆藏

此盘盘身采用绞胎工艺制作，呈现出
黑白相间的木质纹理，三足则为白胎。

绞胎是一种独特的制瓷技法，起源于唐代。其制作方法是将不同颜色的泥料绞合在一起，形成木纹、云纹、羽毛纹等特殊纹理，再施釉烧制，最终得到具有独特装饰效果的陶瓷器。

唐三彩是一种盛行于唐代的低温釉陶器。"三彩"并非只有三种颜色，而是表示"多彩"之意。此罐以黄釉为地，兼施蓝、绿、白等多种色釉，各种釉色相互交融，自然流淌，其上的钴蓝彩更是尤为罕见。

除常见的黄、绿、白三种主彩以外，唐三彩陶器上还有蓝、赭、紫、黑等多种色彩，其中蓝彩的颜色是由于加入钴元素而形成的，对钴蓝釉的运用是唐代制瓷工匠的首创。唐代的钴料主要来自中亚地区，通过丝绸之路传入中国，这种进口原料的稀缺性使得钴蓝唐三彩尤为珍贵。

唐三彩罐
唐
通高 17.4 厘米
天津博物馆藏

五彩是一种传统陶瓷装饰技法，但并不限于五种颜色，"五"为虚数，实指"多彩"之意。

按生产工艺之不同，可分为青花五彩和釉上五彩两大类。明代盛行的是青花五彩，蓝色用青花呈现，釉下青花和釉上多种彩釉相结合。明代五彩瓷器以万历时期成就最高。

清康熙时期发明了釉上蓝彩，无需再使用青花，五彩由此变成一种纯釉上彩绘。

五彩鱼纹碗

清

通高 6 厘米，口径 19.8 厘米

天津博物馆藏

鱼是古代瓷器上常见的纹饰题材，因"鱼"和"余"谐音，故有"富贵有余""连年有余"的吉祥寓意。

粉彩皮球花纹瓷盘

清

通高 3.8 厘米，口径 13 厘米

杭州市临平博物馆藏

此盘外施白釉，盘心以粉彩绘各色皮球花纹，纹饰排列有序，色彩搭配和谐。

皮球花纹是清代瓷器上流行的一种经典纹样，多个小型团花随机分布，类似散落的皮球，因此得名。单个"皮球"常以圆形或椭圆形为轮廓，内部填充花卉（如菊、牡丹、莲花）、果实（如石榴、寿桃）、几何纹（如钱纹、回纹）、吉祥符号（如"八宝""暗八仙"）等，部分融入西洋纹样（如卷草、涡纹）。这种纹饰布局灵活，色彩搭配清新雅致。

油红粉彩人物故事香碟

清
通高 4.8 厘米，口对角径 10.6 厘米
南通博物苑藏

此碟外壁施珊瑚红釉，釉色均匀红艳；
内壁则以粉彩绘制人物故事画面，设
色丰富艳丽，层次分明。

粉彩是瓷器釉上彩品种之一。创烧于清康熙晚期，成熟于雍正、乾隆两代。粉彩在彩绘中以渲染表现明暗，使每一种颜色都有多层次的变化。《饮流斋说瓷》中说："软彩又名粉彩，渭彩色稍淡，有粉匀之也。"粉彩的施绘工艺是先用含砷的"玻璃白"打底，再用芸香油调配后的彩料描绘。乾隆时的清宫档案对粉彩则称之为"洋彩"。

珊瑚红描金粉彩人物故事鞋杯

清

通高 2.8 厘米，长 9.8 厘米，底宽 3.8 厘米

南通博物苑藏

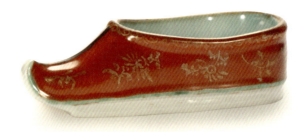

此鞋杯内施淡绿色釉，外施珊瑚红釉，

并饰以釉上描金花卉纹样。

鞋底则以白釉为地，绘有粉彩人
物故事图案，设色丰富明艳。

百花不露地在瓷器装饰中是一种特殊的绘画技法和装饰风格。这种装饰手法的特点是在瓷器表面绘制繁密的花卉图案，使得整个器物看起来被各种盛开的花朵所覆盖，几乎看不见底色或空白的地方，因此得名"百花不露地"。

粉彩百花不露地开光花卉双耳葫芦瓶

清

通高 24.6 厘米，腹径 13.1 厘米

杭州市临平博物馆藏

匠人们精心挑选不同种类的花卉，如牡丹、菊花、梅花、兰花等，按照一定的构图原则将它们组合在一起，形成和谐而又充满生机的画面。这些花卉不仅代表了自然界的美丽，还常常蕴含着吉祥如意的美好寓意。

187

粉彩蝙蝠纹磬

清·乾隆

长 21.3 厘米，宽 13 厘米

天津博物馆藏

"磬"与"庆"谐音，蝙蝠与磬的组合表达
的是福庆之意。通过一件器物上多种元素的
组合搭配，表达出多种吉祥的祝愿，可见时
人对此之重视与珍爱。

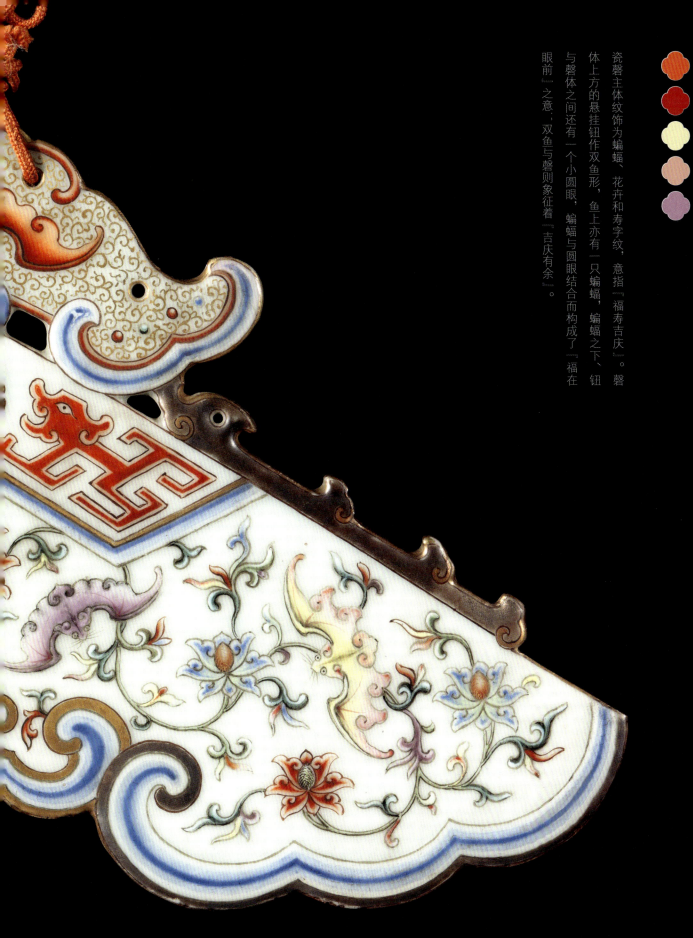

瓷磬主体纹饰为蝙蝠、花卉和寿字纹，意指"福寿吉庆"。磬体上方的悬挂钮作双鱼形，鱼上亦有一只蝙蝠，蝙蝠之下、钮与磬体之间还有一个小圆眼，蝙蝠与圆眼结合而构成了"福在眼前"之意；双鱼与磬则象征着"吉庆有余"。

胭脂地粉彩花卉纹烛台
清·乾隆
通高 16 厘米，腹径 10 厘米
天津博物馆藏

胭脂红釉是一种低温红釉，因似胭脂色而得名。胭脂红是清康熙年间从西方引进的珐琅彩料，最初只是被用于绘制珐琅彩瓷器上的红彩。到雍正时期，胭脂红釉逐渐发展成为一种独立的单色釉品种。因其以金作主要呈色剂，又被称为"金红"。又因其最早从欧洲传入中国，在当时也被称为"洋红"或"西洋红"。

在此之前我国的釉上红彩只有矾红（铁红）这一品种，胭脂红的引进对釉上红彩的发展起了积极的促进作用。陈浏《匋雅》载："胭脂红也者，华贵中之佚丽者也。"

该烛台通体胭脂红地，绘粉彩八宝纹和缠枝西番莲，花瓣脉络描摹精细，花叶扬卷，曲线优美，口沿绘金彩。

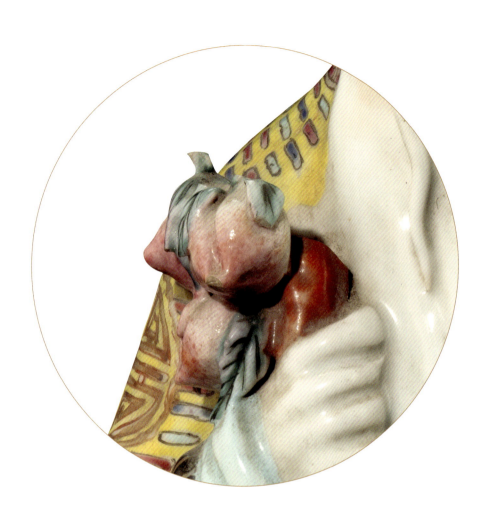

该寿星瓷像呈站立姿态，额头高耸，慈眉善目，长须飘逸，面带微笑，尽显福寿安康之态。右手持龙头拐杖，拐杖上悬挂寿桃，左手捧仙桃，象征长寿安康。

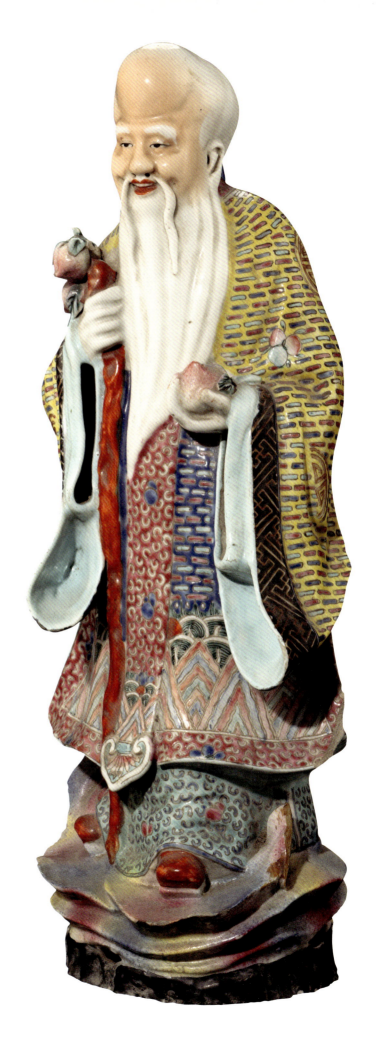

粉彩寿星瓷像
清
通高 35 厘米
杭州市临平博物馆藏

寿星身着宽袖长袍，衣纹流畅自然，并以
粉彩绘出寿桃、寿字纹等吉祥图案。

绿地粉彩葫芦瓶

清·嘉庆
通高 29.3 厘米
天津博物馆藏

此瓶外壁以绿釉为底，饰以粉彩宝相花、红蝠、石榴、寿桃等纹样，并点缀"寿"字装饰。此器含多重吉祥寓意：葫芦谐音"福禄"，象征福禄双全；红蝠与"洪福"同音，寓意"洪福齐天"；寿桃代表长寿，石榴多籽，则寓意多子多福，子孙绵延。整件器物既展现了精湛的制瓷技艺，又寄托了古人对美好生活的祈愿。

铜胎掐丝珐琅花卉纹盖罐

清

通高 27.5 厘米

杭州市临平博物馆藏

盖罐铜制胎体，表面以掐丝珐琅工艺表现多
种花卉，纹饰富贵华丽，色彩明艳夺目。

铜胎掐丝珐琅是一种传统工艺美术技法，其制作流程主要包括制胎、掐丝、填料、烧制和打磨五个步骤。首先用铜制作器物胎体，然后将铜丝捏成各种花纹图案并焊接在铜胎上，作为纹饰轮廓。接着在铜丝内填入不同颜色的珐琅彩料，入窑烧制，最后经过磨平和抛光处理，才能得到精美的铜胎掐丝珐琅器。

掐丝珐琅万寿无疆宝相花纹碗

清

通高 4.9 厘米，口径 16.6 厘米

天津博物馆藏

此碗以蓝色珐琅彩为地，饰以宝相花纹，色彩艳丽。

景泰蓝，亦称铜胎掐丝珐琅，因使用的珐琅多以蓝

色为主，故而得名"景泰蓝"。

纹饰间有"万寿无疆"字样，寓意吉祥。

202

整件佛塔以白色珐琅为地，搭配红、黄、绿、蓝等多种珐琅彩料，色彩绚丽。掐丝线条细腻流畅，珐琅彩料饱满均匀，体现了清代珐琅器的高超制作工艺，也寄托了国泰民安的美好祈愿。

景泰蓝佛塔

清

通高 30.7 厘米，宽 12.6 厘米

天津博物馆藏

杨柳青年画事事如意图

清

纵 29 厘米，横 73 厘米

天津博物馆藏

年画是春节时张贴的装饰画，有祈福迎新之意。该年
画绘有柿子、如意、毛笔、笔筒等图案，柿子与如意
结合，寓意"事事（柿柿）如意"。

杨柳青年画是中国传统民间木版年画的代表之一，因
起源于天津市杨柳青镇而得名。杨柳青年画始于明代，
兴盛于清代，至今已有数百年的历史。它与江苏苏州
桃花坞年画、山东潍坊杨家埠年画、四川绵竹年画并
称为"中国四大年画"。

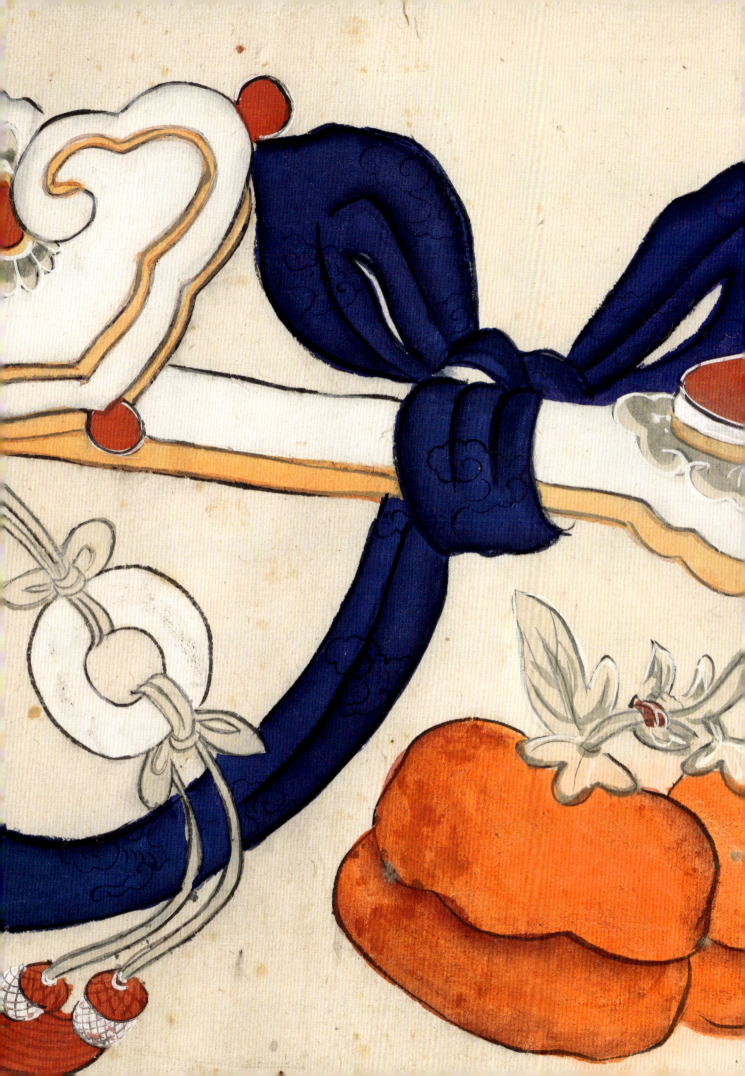

挂屏为陈设用具，一般悬挂于厅堂，用于室内装饰。此挂屏呈长方形，以黄色大漆为底，巧妙运用碧玉、玛瑙等材料镶嵌出瓶花、卷轴、案几、玉佩等博古图案。其工艺精湛繁复，构图疏密有致，色彩典雅和谐，展现出极高的艺术造诣。画面中，瓶花为文房清供，玉佩象征君子的高洁品格，卷轴与案几则彰显文人雅趣。整幅画面寄托了人们对高洁品格、文化修养的美好期许，也体现了传统工艺与文人意趣的巧妙结合。

嵌玉博古挂屏

清

纵 94 厘米，横 57.5 厘米

天津博物馆藏

"博古"一词原为图绘古代器物之意，在瓷器等工艺品上指的是以古代器物图案作为装饰。

中国特色

"五方正色观念""文人士大夫的水墨理论"
及"民间造物色彩体系"作为我国传统色
彩意识的三大板块，在先人对色彩及工艺
的不断探索中，逐渐相互影响而形成了具
有中国特色的色彩观念和文化内涵。

这三大色彩意识板块不仅体现了古人对于
自然界和社会秩序的理解，也反映了他们
在追求美与和谐时所展现出来的智慧与创
造力。从古代哲学家将五色与五行相联系，
构建起完整的宇宙观；到文人士大夫通过
水墨画表达内心世界，以"浓淡干湿黑"
的墨色变化诠释个人情愫与自然之美；再
到百姓由生活经验积累而成的独特色彩应
用法则，每一种实践都为中华文明增添了
绚丽的一笔。

墨分五色

"墨分五色"是中国画中关于墨色运用的一个重要理论，强调通过不同浓度的墨来表现丰富的色彩变化。这个概念最早见于唐代张彦远的《历代名画记》："运墨而五色具。"这里的"五色"并不是指具体的五种颜色，而是泛指墨色通过不同手法处理后产生的多种色调变化。随着历史的发展，"墨分五色"逐渐形成了较为固定的表述，主要有"焦、浓、重、淡、清"或"浓、淡、干、湿、黑"两种说法。

焦：最深、最浓的墨色，几乎接近于纯黑，用来表现物体的最暗部分或强调轮廓。

浓：次于焦的深色，用于描绘物体的主要阴影区域。

重：介于浓与淡之间的颜色，是画面中较为显著的灰色调。

淡：比重更浅的颜色，常用来表达距离感或轻柔的质感。

清：最浅的墨色，近乎水的透明感，用来创造更加微妙的层次变化或远景。

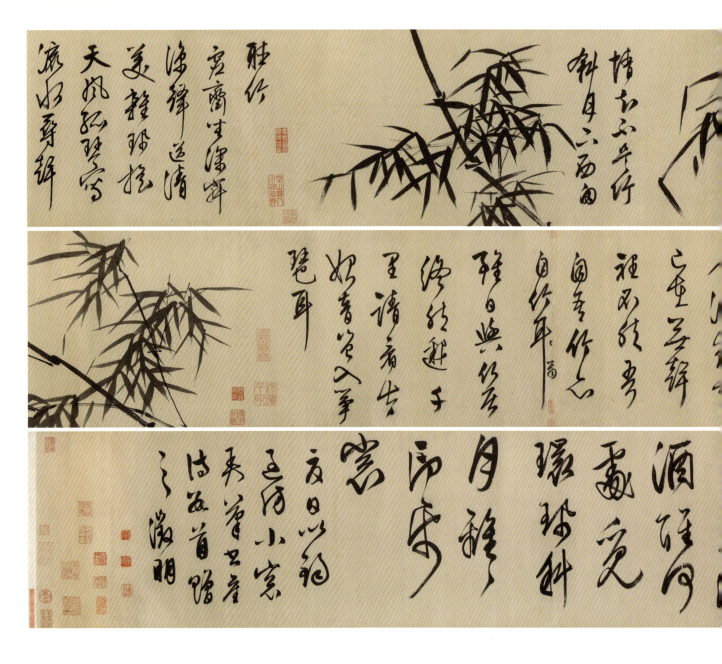

干：指用笔时墨汁中的水分含量较低，使得线条或色彩显得
干燥、硬朗。干笔可以产生一种粗糙的质感，适合用来表现
岩石纹理或枯枝等坚硬物体。

湿：与干相反，使用含有较多水分的墨汁作画，可以使墨色
自然渗入纸张纤维，创造出流畅、润泽的感觉。

黑：与焦的概念相近，即未被稀释过的原墨。

文徵明竹子图卷
明
纸本　水墨
纵 30 厘米，横 636.5 厘米
天津博物馆藏

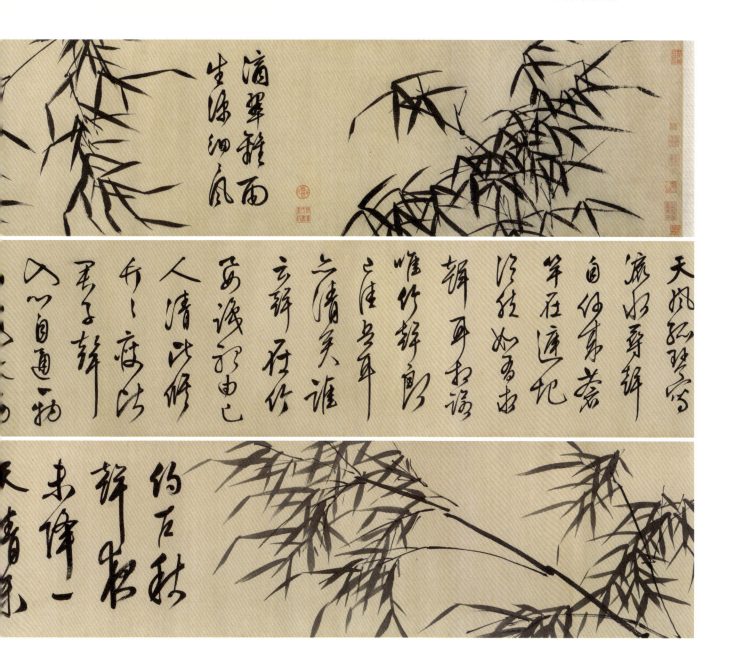

半衾自西村
還土塔河房
次日憶作

傅山

謹按霜紅龕集有西村五律一首又笑眉道人八十四首内笑畫一首有云土塔牆上松文納樓

橢橋西郊土墻蓋皆先生居寓也

水墨派行者真放又識

堤逸徙逸非此老無此意可□氣焰耳

傅山、傅眉山水合册（二开）

清

纸本　水墨

纵 25.7 厘米，横 21.1 厘米

天津博物馆藏

王原祁仿大痴山水轴

清

纸本　水墨

纵67.4厘米，横31.4厘米

天津博物馆藏

随类赋彩

中国古人以"随类赋彩"作为绘画用色的基本原则，不过于追求自然真实，而强调"类"的象征性。中国古代设色山水画主要包含青绿、浅绛等风格流派，用色以矿物颜料（如石青、石绿、赭石）和植物颜料（如花青、藤黄）为主。中国传统绘画中用墨和设色并重，设色并不等同于纯粹的填色，更是文化观念与审美理想的综合呈现。画家在反映自然色彩的基础上，在富丽与淡雅之间形成了一个独特的审美体系，从而构建出一个可居、可游的理想境界。

董其昌绢本山水册（第七开）

明

绢本　设色

纵 24.5 厘米，横 17.5 厘米

天津博物馆藏

作品中的山石几乎完全占据画幅右侧，左侧中部则以浅淡的设色绘远山，留白表现天空、水面。山石皆设色，山间植被用色淡雅，体现出董其昌所崇尚的平淡天真的艺术风格。

王翚水阁幽人图轴
清
纸本　设色
纵92厘米，横48厘米
天津博物馆藏

仇英（款）清明上河图卷
明
绢本　设色
纵 58.5 厘米，横 333.6 厘米
天津博物馆藏

《清明上河图》原为张择端所绘北宋风俗画，现藏于故宫博物院，是中国绘画史上最负盛名的作品。仇英亦有同
名画作传世，在参照张择端《清明上河图》构图形式的基础上，以工笔重彩描绘了明代苏州城的繁荣景象。
明清时期的"苏州片"托名仇英《清明上河图》的画作非常多，此卷即为一例。卷首绘绰约沙柳、连绵远山，继

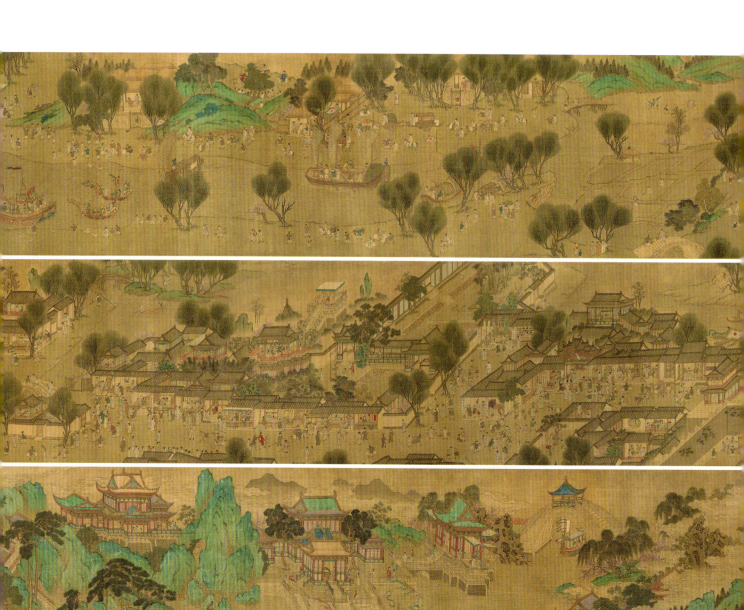

而城市万象铺展开来，如屋舍、石桥、店铺、龙舟等，百业兴旺，各种活动异彩纷呈，景物繁多，富于情节性。人物众多，刻画精细，栩栩如生。画面主次安排有序，布置聚散得当，笔墨工致细腻，用色较为妍雅含蓄，展现出制作者高超的绘画技巧。

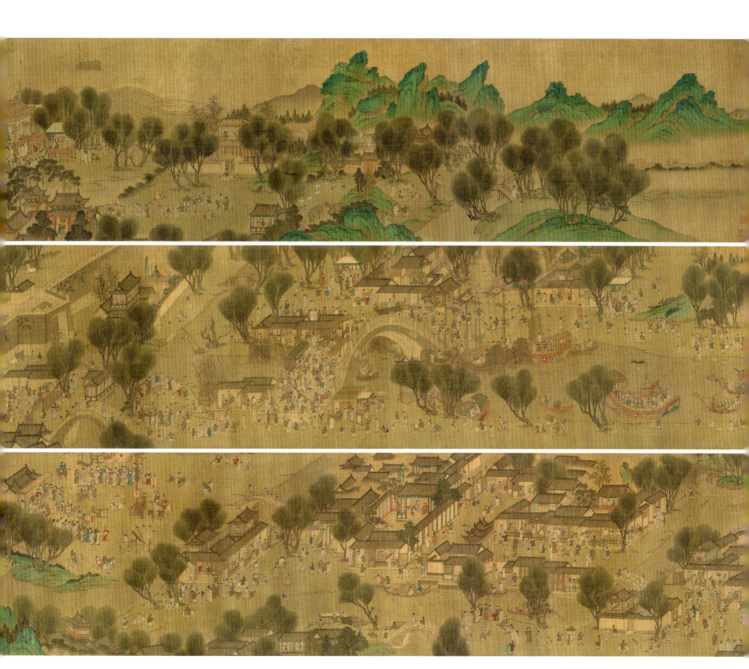

结语

　　中国传统色，是中国人定义颜色的方式，更是中国人看待世界的方式。颜色背后，蕴藏着流传了千年的东方审美和古老智慧。然而传统色散漫难寻，仅可在史籍、诗词、佛典、医书中窥得片语，其色谱更无系统传承。长此以往，传统色之美将逐渐遗失在故纸堆之中。

　　中华文明数千年，其悠久而持续的创造力给世界文明史增添了美丽的风景。希望此书能让我们稍一驻足，沉浸于大自然的思智中，去凝神谛视这瑰丽可感的节奏，感受浓郁的东方色彩及动人的文化故事。

图书在版编目（CIP）数据

国色：中国传统色彩中的文化现象 / 杭州市临平博物馆编. -- 上海：上海书画出版社，2025.3.
-- ISBN 978-7-5479-3565-1

Ⅰ. K873

中国国家版本馆CIP数据核字第2025SX7417号

国色：中国传统色彩中的文化现象

杭州市临平博物馆　编

策　　划	朱艳萍
责任编辑	张　姣
编　　辑	许中行　魏书宽
审　　读	陈家红
责任校对	黄　洁
文物摄影	徐伟杰
整体设计	刘　蕾　立飞图文
技术编辑	包赛明
营销编辑	陈兆典
封面题字	黄文斌

出版发行	上海世纪出版集团 上海书画出版社
地　　址	上海市闵行区号景路159弄A座4楼
邮政编码	201101
网　　址	www.shshuhua.com
E－mail	shuhua@shshuhua.com
制　　版	杭州立飞图文制作有限公司
印　　刷	浙江新华印刷技术有限公司
经　　销	各地新华书店
开　　本	889×1194　1/16
印　　张	15.25
版　　次	2025年5月第1版　2025年5月第1次印刷

书　　号	ISBN 978-7-5479-3565-1
定　　价	248.00元

若有印刷、装订质量问题，请与承印厂联系